Peter Selg

«Anthroposophie als ein Streben nach Durchchristung der Welt»
Das Krisenjahr 1922 bis zum Brand des Goetheanum

Peter Selg

«Anthroposophie als ein Streben nach Durchchristung der Welt»

Das Krisenjahr 1922 bis zum Brand des Goetheanum

Verlag am Goetheanum

Allgemeine Anthroposophische Sektion der Freien Hochschule für Geisteswissenschaft

Aktualität der Anthroposophie
Studien zur Werkbiographie Rudolf Steiners

Der Verlag am Goetheanum im Internet:
www.goetheanum-verlag.ch

Einbandgestaltung von Wolfram Schildt, Berlin

Satz: Martin Weis, Denzlingen
Druck und Bindung: Majuskel Medienproduktion, Wetzlar

ISBN 978-3-7235-1700-0

2-m-Modell, Gipsabguss, Edith Maryon und Rudolf Steiner, 1915/16 (?)
Überarbeiteter Gipsabguss mit Eisendrahtarmierung, Reste von Plastilin (an der Stelle des Felsenwesens) und Holzbrett (für Höhenausgleich der Mittelfigur), 207 × 126 × 84 cm; Maßstab 1:5.
Aus Mirela Faldey / David Hornemann v. Laer (Hg.): *Im Spannungsfeld von Weltenkräften.* Dornach 2020, S. 61.

Vergangenheit: Wirkliches, das aber unserem Zugriff gänzlich entzogen ist, in dessen Richtung wir keinen Schritt tun können, dem wir uns nur zuwenden können, damit wir seine Ausstrahlung empfangen mögen.

Simone Weil
(1909–1943[1])

Inhalt

Vorwort

... Fasse Künftiges
Durch Vergangnes
Hoff' auf Werdendes
Durch Gewordenes.
So ergreif das Sein
Im Werden;
So ergreif, was wird
Im Seienden.[2]

Die Veranstaltungen der Allgemeinen Anthroposophischen Sektion der Freien Hochschule für Geisteswissenschaft (Goetheanum) wenden sich im Arbeitsbereich «Aktualität der Anthroposophie / Studien zur Werkbiographie Rudolf Steiners» im Verlauf des Jahres 2022 Vortragskursen und Entwicklungen der anthroposophischen Bewegung vor 100 Jahren zu, die besondere Marksteine bedeuteten und zukünftige Schritte ermöglichten. Im Vordergrund werden dabei die öffentlichen Vorträge Rudolf Steiners stehen, die er auf Einladung der Konzertagentur Wolff & Sachs in vielen deutschen Städten hielt (u.a. «Das Wesen der Anthroposophie»), des Weiteren christologische Vorträge über den gesamten Lauf des Jahres 1922. In den Blickpunkt wird auch der Kurs «Die Philosophie, Kosmologie und Religion in der Anthroposophie» innerhalb der sogenannten «Französischen Woche» im September 1922 im großen Saal des Goetheanum genommen, die Begründung der Christengemeinschaft (ebenfalls September 1922), der «Pädagogische Jugendkurs» in Stuttgart im Oktober 1922, Steiners Vorträge während seiner englischen Reisen in Oxford und London (August und November 1922), seine Beiträge zur Mysteriengeschichte, zu Kultushandlungen und zur sogenannten «geistigen Kommunion» von September bis Dezember 1922 in Dornach – sowie schließlich das Brandgeschehen in der Silvesternacht.

Die zu diesen Themen gehaltenen Referate finden sämtlich im Goetheanum statt,[3] werden jedoch aufgenommen und sind in Form eines Tonmitschnittes über die Homepage der Allgemeinen Anthroposophischen Sektion abrufbar.[4] Sie werden auch in englischer Sprache separat per zoom für die weltweit interessierten Mitglieder und Freunde der Anthroposophischen Gesellschaft angeboten.[5]

Den Auftakt des Jahres bildete am 25. Januar ein Vortrag im Saal der Halde, der einen skizzenhaften Überblick über die anthroposophischen Entwicklungen des Jahres 1922 bis zum Brand des Goetheanum gab. Er steht im Kontext von Betrachtungen der vergangenen Jahre und der aus ihr erfolgten Publikationen.[6] Das Autoreferat dieses Beitrags wird nachfolgend vorgelegt und um den Wiederabdruck von Steiners Wiener Vortrag vom 11. Juni 1922 «Anthroposophie als ein Streben nach Durchchristung der Welt» ergänzt (aus GA 211).

All dies geschieht in der Absicht, nicht nur die Entfaltung der Anthroposophie vor einhundert Jahren mit wachem, stets neu geschärftem Bewusstsein zu verfolgen, sondern vertieften Anteil an dieser Entfaltung und damit an der Anthroposophie selbst zu gewinnen, um den Aufgaben der Gegenwart und Zukunft gewachsen zu sein.

Dornach und Arlesheim, Januar 2022 *Peter Selg*

Das Jahr 1922 bis zum Brand des Goetheanum

Rudolf Steiner und die Anthroposophische Gesellschaft

Aufbrüche und Krisen

Es war ein Jahr, das Rudolf Steiner am 1. Januar mit einem geisteswissenschaftlichen Vortrag über das Wirken der göttlichen Widersachermächte, über Ahriman und Luzifer begann[7] und an dessen Ende die komplette Brandzerstörung des Goetheanum stand. Es war ein Jahr großer Anstrengungen und Spannungen – ca. 350 Vorträge hielt Steiner zwischen dem 1. Januar und dem 31. Dezember 1922, ohne die vielen Lehrerkonferenzen, Verwaltungsratssitzungen und Einleitungsansprachen zu Eurythmie-Aufführungen mitzuzählen. Er arbeitete an der Neuherausgabe einzelner seiner Werke,[8] schaffte jedoch aus Zeitgründen keine Niederschrift eines neuen Buches. 25 Aufsätze verfasste er für die Wochenschrift des Goetheanum.[9] Der Hauptakzent seines Einsatzes, die zentrale Linie aber lag nicht in der Sphäre der Publikation.

Es war das letzte Lebens- und Arbeitsjahr, in dem Steiner noch einmal ganz den Weg in die Öffentlichkeit ging. Die von der Konzertagentur Wolff & Sachs, auf deren Anregung hin,[10] veranstalteten Vortragsreisen führten Steiner im Januar 1922 in zwölf deutsche Großstädte, im Mai 1922 noch einmal in neun. Er sprach in großen Sälen; im Januar insbesondere über «Das Wesen der Anthroposophie», in Stuttgart und Berlin aber auch über «Anthroposophie und die Rätsel der Seele».[11] Er kam bis nach Breslau und Koberwitz, und die Reisebedingungen waren nicht nur einfach.[12] Im Mai trug er auf der zweiten Tournee über «Anthroposophie und Geisterkenntnis» vor.[13] Nach der Rückkehr von der Januar-Reise gab sich Steiner noch verhalten zuversichtlich, sprach vom überall erlebten «tiefen Bedürfnis» der Menschen, etwas von der geistigen Welt zu vernehmen;[14] die Störungen seiner Vorträge aber nahmen zu, und im Mai 1922 wurde er beinahe Opfer eines Attentates in München. «Die Agitation ist eben zu mächtig», schrieb er an Marie Steiner-von Sivers[15] – die «Agitation» von Seiten rechtsnationaler, völkischer und antisemitischer Kreise. Er kam außerordentlich erschöpft und gezeichnet nach Dornach zurück; in der Erinnerungsschilderung einer Eurythmistin, Annemarie Dubach-Donath, heißt es:

> Die Reise [im Mai 1922] muss unbeschreiblich anstrengend und aufreibend für ihn gewesen sein. Ich erinnere mich an den Eindruck, den ich hatte, als ich ihn das erste Mal in der Schreinerei wiedersah. Er stand in seinem weißen Arbeitskittel, den er im Atelier trug, hinter der Bühne, und es schien, als sei seine Gestalt schaler geworden, der Blick noch ernster und stiller. Es war, als ob er aus einem großen, schweren und gefahrvollen Kampfe zurückgekommen sei [...]. [16]

Es war Steiners letzte öffentliche Vortragstournee in diesem Stil. Er setzte offenbar nicht weiter auf diese Form des Auftretens, in der gegebenen politisch-gesellschaftlichen Atmosphäre, die von Diffamierung, Aggressivität und Gewalt geprägt war. 1923 hielt er nur noch elf öffentliche Vorträge, 1924 gerade einmal zwei, wie Christoph Lindenberg vorrechnete[17] – sieht man von seinen pädagogischen Darstellungen ab. Im März 1922 publizierte

Steiner seinen letzten Aufsatz in der Dornacher Wochenschrift, der sich mit der politischen Weltlage beschäftigte.[18] Sah er keinen Sinn mehr darin? Alles ging sehr schnell – im April 1922 wurde Josef Stalin Generalsekretär der KPDSU, im Juni wurde der deutsche Außenminister Walter Rathenau von Nationalsozialisten ermordet. Hitler war trotz einer vierwöchigen Gefängnisstrafe wegen seiner aggressiven Reden bereits omnipräsent, des Weiteren seine späteren Bundesgenossen, auch außerhalb Deutschlands. Ende Oktober kam Mussolini nach seinem «Marsch auf Rom» in Italien an die Macht.

1922 aber gab Steiner die Öffentlichkeit in Deutschland und den angrenzenden Ländern noch nicht auf; die erste Jahreshälfte verzeichnete nicht nur die genannten Vortragsreisen – vor insgesamt mehr als 30000 Zuhörern –, sondern auch große «Hochschulkurse» in Berlin und Den Haag, die Steiner zusammen mit seinen akademisch geschulten und profilierten Mitarbeitern in Berlin und Den Haag veranstaltete, im März und April. Zumindest das Berliner Programm im Haus der Singakademie war überaus anspruchsvoll komponiert; jeder der sieben Tage war einer Fachwissenschaft gewidmet und hatte eine andere professionelle Leitung (Anorganische Naturwissenschaft / Organische Naturwissenschaft und Medizin / Philosophie / Erziehungswissenschaft / Sozialwissenschaft / Theologie / Sprachwissenschaft).[19] Rudolf Steiner begann jeweils mit einem Morgenvortrag, dann folgten die übrigen anthroposophischen Dozenten. Es gab bis zu fünf Fachvorträge an einem Tag; an vier Tagen sprach Steiner zusätzlich am Abend im Oberlichtsaal der Berliner Philharmonie; andere Dozenten sprachen abends an der Berliner Universität. Das Eurythmie-Ensemble aus Dornach gastierte im vollbesetzten Deutschen Theater. Das Thema der Wissenschaftlichkeit der Anthroposophie, das in der Tagespresse zumeist polemisch oder zynisch abgehandelt wurde, griff Steiner 1922 wiederholt in eingehender Weise auf; einer seiner Abendvorträge in der Philharmonie war mit dem Titel «Anthroposophie in ihrem Wissenschaftscharakter» überschrieben und über die «Begründung der Anthroposophie aus dem philosophischen Bewusstsein der Gegenwart» sprach Steiner am dritten Tag des Berliner Hochschulkurses. «Die Wissenschaftlichkeit der Anthroposophie» war auch der Titel eines seiner Goetheanum-Aufsätze vom Februar 1922.

Der Tagungsaufwand in Berlin, aber auch in Den Haag war außerordentlich groß; Steiner aber wertete die Veranstaltungen als «bedeutsam», auch wenn nicht alles reibungslos klappte. Die Berichterstattung in der Berliner Presse war, wie zu erwarten, negativ;[20] positive Artikel seien, so berichtete Steiner in Dornach nach Gesprächen in Berlin, von den großen Blättern von vornherein abgelehnt worden. Die Spannung war groß – in der deutschen Hauptstadt im Jahr 1922 und in Deutschland überhaupt.[21] Die Propaganda gegen Steiner und die Anthroposophie ging 1922 ins dritte Jahr[22] – und vieles war weit fortgeschritten.

*

Fortgeschritten waren aber auch die internen Probleme der Anthroposophischen Gesellschaft. Am 3. Januar 1922 sagte Steiner in Dornach in einem pädagogischen Vortrag:

> Sehen Sie, wir haben, wenigstens in Mitteleuropa, in den letzten Jahren eine sehr starke Ausbreitung der anthroposophischen Bewegung gehabt. Die anthroposophische Bewegung ist heute ein Faktor in der mit-

teleuropäischen Welt. Als geistige Bewegung ist sie ein Faktor. Wir haben keine Organisation, um diese Bewegung irgendwie zu lenken und zu leiten. Die Anthroposophische Gesellschaft – das muss gesagt werden, denn es ist gut, wenn es erkannt wird –, die Anthroposophische Gesellschaft ist nicht in der Lage, die anthroposophische Bewegung zu tragen. Denn die Anthroposophische Gesellschaft ist so stark durchsetzt von sektiererischen Neigungen, dass sie die anthroposophische Bewegung, wie sie heute ist, wie sie sich herangebildet hat, eben nicht tragen kann.

Aber ich wollte doch ein letztes Mal an diejenigen Kräfte appellieren, die vielleicht hätten sein können in der Anthroposophischen Gesellschaft, indem ich die Meinung hatte, vielleicht wird aus diesen Kräften doch eine letzte Anstrengung hervorgehen, um so etwas wie den «Weltschulverein» zu propagieren. Es ist nicht geschehen. Der «Weltschulverein» ist begraben. Denn, nicht wahr, man kann nicht über eine solche Sache bloß reden, sondern das muss praktisch in die Hand genommen werden. Dazu müssen eine Anzahl von Menschen da sein. Also der «Weltschulverein» als solcher ist begraben.[23]

Die Idee des «Weltschulvereins» – einer internationalen Assoziation mit, so Rudolf Steiner, möglicherweise Millionen von Mitgliedern zum Aufbau und zur Unterstützung eines neuen Schulsystems, einer wirklich humanistischen Pädagogik – hatte er 1921 wiederholt ins Spiel gebracht, insbesondere, wenn auch keineswegs ausschließlich, in Holland.[24] Wenig oder nichts aber war daraufhin zustande gekommen; von der sich abzeichnenden totalitären Tendenz, «den Staat zu einer großen Maschine zu machen», sprach Steiner in dem genannten Dornacher Vortragszusammenhang vom 3. Januar 1922[25] – und in der Tat tendierten die Entwicklungen in der Sowjetunion und in Italien bereits in diese Richtung.

Die Anthroposophische Gesellschaft als solche aber war nicht handlungsfähig; sie bildete kein effizientes Organ, hatte kein hinreichendes Weltinteresse und -bewusstsein, auch kein wirkliches Bewusstsein für die Zivilisationsnotwendigkeit des Dornacher Baues[26] – und war von inneren Krisen geschüttelt. Für manche ihrer Krisen hatte Rudolf Steiner durchaus Verständnis, beispielsweise für jene Zerreißprobe, die die «exoterischen» Hochschulkurse für viele ältere Mitglieder der Gesellschaft bedeuteten – für Menschen, denen der spirituelle Gehalt der Anthroposophie ein Herzensanliegen war, den sie jedoch bei den öffentlichen Vorträgen wissenschaftlicher Ausrichtung kaum mehr fanden oder wiedererkannten. Am 23. Mai 1922 sagte Steiner in Stuttgart über die Diskrepanz zwischen den wissenschaftlich-exoterischen und den spirituell-esoterischen Richtungen in der anthroposophischen Bewegung:

> Zwischen beiden Bestrebungen klafft heute innerhalb unserer Bewegung ein Abgrund; es gibt keine Vermittlung, keine Brücke führt über diesen Abgrund. Und wir können eben die Brücke nicht schlagen, weil einfach die Mitarbeiter dazu fehlen, und weil denjenigen, die Mitarbeiter sind, die Zeit fehlt, diese Brücke zu schlagen von dem, was die Welt heute von uns fordert – wissenschaftliche Begründung der Anthroposophie – und dem, was aus der Esoterik heraus gearbeitet werden muss.[27]

Darüber sprach Steiner auch drei Wochen später in den einleitenden Worten seines einzigen Mitgliedervortrages, den er am 11. Juni 1922 in den Tagen des öffentlichen Wiener «West-Ost-Kongresses» hielt («*Anthroposophie als ein Streben nach Durchchristung der Welt.*»). Er verstehe, so sagte er, die schmerzliche Erfahrung der älteren Mitglieder, die unter dem fehlenden esoterischen Charakter der öffentlichen Vorträge litten. Es werde in diesen Vorträgen eine andere Sprache als früher gesprochen – die anthroposophische Bewegung habe nie nach Popularität gestrebt. «Sie hat immer so gesprochen, wie sie sprechen musste aus dem innersten Charakter ihres Wesens heraus.»[28] Nun jedoch sei sie vor die Aufgabe gestellt, die Anthroposophie öffentlich vor dem wissenschaftlichen Zeitbewusstsein vertreten zu müssen – insbesondere seit der Eröffnung des Goetheanum als einer «Freien Hochschule für Geisteswissenschaft», wobei Steiner in Wien mit Nachdruck geltend machte: «Es handelt sich nicht darum, die Anthroposophie der Wissenschaft anzunähern, sondern die Wissenschaft mit Anthroposophie zu durchdringen.»[29] Er äußerte seine Freude über die wissenschaftlichen Mitarbeiter, die «fachlich geschulten Freunde»; die Kluft zum fortbestehenden «esoterisch engeren Kreis» aber bestehe, auch wenn in Dornach weiter durch seine Vorträge der spirituelle Kern der Anthroposophie und ihrer Menschenkunde deutlich werde und die «Fortbildung des Esoterischen» durchaus Realität sei.[30] Dennoch räumte Steiner auch in Wien die zeitliche und Kräfte-Überforderung vieler seiner Mitarbeiter ein – und damit das Fortbestehen der «Kluft». Das eingeschlagene Tempo war hoch – und den ablaufenden geschichtlichen Wirkensmöglichkeiten und dem hohen Außendruck geschuldet. Alles wurde immer aufreibender.[31]

Am 26. August 1922 schrieb Ita Wegman in einem Brief an ihre Kollegin Hilma Walter: «Ende Oktober wird das Goetheanum kein Geld mehr haben.»[32] Tatsächlich war – neben allem anderen – die Finanzierung des Goetheanum prekär; noch immer war es nicht ganz zu Ende gebaut, die Hoffnungen Steiners auf eine größere Unterstützung aus der internationalen anthroposophischen Gesellschaft nach Eröffnung des Goetheanum mit dem ersten Hochschulkurs (September/Oktober 1920) hatten sich nicht erfüllt – und für die intensive Aufnahme der geplanten Arbeit waren weitere Gelder notwendig. «Dass wir einfach nicht weiter können, dass wir Dornach zuschließen müssen, weil wir einfach kein Geld haben», stellte Steiner am 19. November 1922 als reale Möglichkeit in London dar, und sagte auch:

> Das Goetheanum ist mit Enthusiasmus zu bauen begonnen worden. Gerade bei denjenigen, die im Ausgangspunkte diesen Enthusiasmus entwickelt haben, ist der Enthusiasmus verrauscht. Und heute haben diese eigentlich mir allein die Sorge überlassen, wie es nun weitergehen soll.[33]

Die schweren finanziellen Krisen der anthroposophischen Aktiengesellschaften «Der Kommende Tag» und «Futurum», die zur Unterstützung der geistigen Unternehmen – darunter des Goetheanum – gegründet worden waren, trugen zur Erschwerung der Lage bei. Sie zogen Mittel ab, statt sie zu generieren – und kosteten Rudolf Steiner viel Zeit und Kraft. Trotz enormer Einsätze der engagierten Personen steuerten sie beide auf die Liquidation zu. Nationalrat Hirter, der Direktor der Schweizer Nationalbank, hatte sich bereits aus dem Verwaltungsrat der «Futurum» zurückgezogen; 1922 veräußerte der «Kommende Tag» seine Aktien der Waldorf-Astoria, trotz der sich verschlimmernden Inflation. Ita Wegman gelang 1922 mit Unterstützung Rudolf Steiners die

Herauslösung ihres Klinisch-Therapeutischen Instituts und der pharmazeutischen Arbeit Oskar Schmiedels aus der «Futurum A.G.» und die Gründung einer eigenen Aktiengesellschaft («ILAG»), wodurch sie ihre Klinik und die Heilmittelarbeit rettete. Das Geschäftsgebaren und die Initiativlosigkeit der «Futurum»-Verantwortlichen waren für sie unerträglich gewesen. An Madeleine van Deventer hieß es in einem Brief Wegmans vom 3. April 1922 nach Utrecht:

> Ich beeile mich, Ihnen zu schreiben, damit dieser Brief noch vor Beginn des Hochschulkursus in Ihre Hände gelangt. Höchstwahrscheinlich werde ich die letzten Tage des Kursus noch mitmachen, um mit einigen Leuten sprechen zu können. – Es sei Ihnen in Kürze noch Folgendes mitgeteilt: Die Klinik, die Laboratorien und eigentlich alle geistigen Institutionen sind neuerdings vollständig aus dem Futurum herausgeholt worden. Futurum hatte eben die Hoffnungen, die man auf es gesetzt hatte, nicht erfüllen können teils wegen Unfähigkeit der Direktion und teilweise natürlich auch infolge der erschwerten Zeitverhältnisse. Nun ist die ganze alte Direktion zurückgetreten und es musste ein neuer Verwaltungsrat gegründet werden und Futurum samt Verwaltungsrat sind von Herrn Dr. Steiner von der anthroposophischen Bewegung bis zu einem gewissen Grade abgetrennt worden. Sie werden jetzt so wie andere Gesellschaften kapitalistisch weiter arbeiten und das Aktienkapital wird natürlich nicht verloren gehen, auch die Dividenden werden nach wie vor ausbezahlt werden können. –
>
> Es hat sich jetzt die Klinik und das Laboratorium zu einer eigenen Aktiengesellschaft konstituiert; und die Absicht ist, dass allmählich die Aktien der Futurum,

die von unserer Seite gezeichnet sind, auch wieder auf unsere Seite herüber kommen. Dr. Steiner sieht in der Arbeit von Klinik und Laboratorium eine Zukunft und will diese in Zusammenhang mit der anthroposophischen Bewegung halten. – Nun muss ich jetzt nach Holland reisen, um mit verschiedenen Persönlichkeiten zu reden. Wir müssen unsere geistige Bewegung und Arbeit ganz stark machen, um uns jetzt auf diese Weise zu schützen gegen alle möglichen Angriffe von außen. – Die Klinik hat bis jetzt ausgezeichnet gearbeitet und kann ganz gut selbständig bestehen. Jetzt muss nur noch das Laboratorium von Futurum losgekauft werden und zu diesem Zwecke gibt die neue Aktiengesellschaft eine Emission aus, für die ich jetzt Interessenten zu werben suche.
Beiliegend eine Erklärung für die Gründung und Emission der neuen Aktiengesellschaft von Dr. Steiner, Steffen und mir unterzeichnet und bald werden Sie auch den Prospekt für die neue Emission erhalten.
Dies in Kürze zur Orientierung; alles andere mündlich.[34]

Wie schwierig die Situation in Stuttgart war, in der Waldorfschule, im «Kommenden Tag» und in der Leitung der Anthroposophischen Gesellschaft in Deutschland – und unter welcher Spannung er selbst stand –, geht unter anderem aus einem Brief Rudolf Steiners an Edith Maryon vom 11. Oktober 1922 hervor, in dem es heißt:

Die Schule erfordert besonders in diesem Augenblicke sehr viel. Die Affaire mit den verschiedenen Schlingeln ist von den Lehrern mit unglaublicher Torheit behandelt worden. Ich mag darüber gar nicht weiter schreiben, weil die Dinge eigentlich zu albern sind. Aber sie werden der Schule immens schaden. Dazu kommt, dass auch die Stuttgarter Herren allen Zusammenhang mit der anthroposophischen Bewegung verlieren. Sie sitzen auf ihren Stühlen, spielen Vorstand, und die Leute wollen nichts von ihnen wissen. Ein Beispiel ist dieses. Ich hätte schon Montag in Stuttgart sein sollen. Da ich das nicht konnte, telephonierte ich Uehli – er solle den jungen Leuten Montag abends einen Vortrag halten. Sie sagten: sie wollen von ihm keinen Vortrag haben. Und so besteht zwischen all den Leuten, die jetzt hier sind, und der Stuttgarter Leitung gar kein Zusammenhang. Man muss alles selber machen. So wächst immer Arbeit zu; aber es wachsen keine Mitarbeiter zu. Deshalb ist es auch nicht möglich, irgendetwas zu tun zur Abwehr von Gegnerschaften. Denn man kann zu solchen Dingen gar nicht kommen. Auch dass ich so lange von der Schule abwesend war, hat sich bitter gerächt. Die Lehrer haben den Kontakt mit der Schülerschaft der höheren Klassen ganz verloren. […] Könnte man sagen: die Leute haben nicht die Fähigkeiten! Nun ja. Aber daran fehlt es nicht. Es fehlt an Enthusiasmus, an aktiver Arbeitslust. Die Leute wollen Trott, Routine; sie wollen eine schwere Masse sein, nicht ein anfeuerndes Element. Im Grunde sind sie doch eben träge. […]

Ich schreibe diesen Brief rasch jetzt morgens um ½ 7 Uhr, damit ich doch endlich einige Zeilen in unser Atelier senden kann, in dem ich so gerne wieder sein möchte.[35]

Die Krise der Waldorfschule sah Rudolf Steiner als Teil des «Stuttgarter Systems», wie er in einer Lehrerkonferenz vom 15. Oktober 1922 deutlich machte, in der es um viele schulinterne Probleme ging, darunter den Verlust einer tragfähigen Beziehung der Oberstufenlehrer zu den Jugendlichen der Schule. Steiner kritisierte auch erneut die Stuttgarter Leitung der Anthroposophischen Gesellschaft in Deutschland. Deren Verantwortliche würden «schlafen» – auch angesichts der massiven Gegnerschaft gegen die Anthroposophie, der Polemiken und Hasstiraden in den Leitmedien und der seit 1921 angedrohten Zerstörung des Goetheanum.[36] Des Weiteren bemängelte Steiner in diesem Zusammenhang, dass interne Leistungen in der anthroposophischen Bewegung nicht hinreichend wahrgenommen würden. Und noch immer stand die Stuttgarter Waldorfschule alleine da, obwohl sie als Modell geplant worden war, wie Steiner in dem internationalen Lehrerkurs betonte, der an der Jahreswende 1922/23 im Goetheanum stattfand.

Mit Ita Wegmans klinisch-pharmazeutischer Aufbauarbeit in Arlesheim war Rudolf Steiner einverstanden, nicht jedoch mit der Arbeit der Stuttgarter Klinik, die aus seiner Sicht – trotz vieler guter Therapieergebnisse – viel zu wenig innovativen Elan entfaltete, zu wenig öffentlich wirksam wurde, die versprochenen Grundlagenpublikationen schuldig blieb und zu langsam voranschritt, auch in der wichtigen Mistelforschung.[37] Eine Ausarbeitung Lilly Koliskos zur Milzfunktion, die ihm selbst wichtig war, vermisste Steiner auf dem Büchertisch einer öffentlichen Veranstaltung der Stuttgarter Klinik im Oktober 1922. Am 25. November schrieb er aus Stuttgart an Marie Steiner:

> Hier habe ich zu tun vom Morgen bis in die Nacht. Und jetzt, während ich dieses schreibe, telephonierte mich Husemann an, der der eigentliche Urheber des Boykotts der Kolisko'schen Broschüre ist. Ich musste ihm durchs Telephon sagen, da er mich noch heute per-

> sönlich sprechen wollte: von dem Ärztekollegium ist eine krassere Opposition ausgegangen als von irgend jemand in der Gesellschaft: Sie haben den Auftrag gegeben, während der Ärzte-Woche eine Broschüre, die ich für gut finde, zuzudecken, damit sie niemand sieht: ich verzichte darauf, darüber von Ihnen Erklärungen entgegenzunehmen.[38]

Als einzigen anthroposophischen Redner hatte Steiner Friedrich Husemann und seine medizinische Darstellung auf dem Den Haager Hochschulkurs im April 1922 kritisiert, wenn auch ausgesprochen zurückhaltend und höflich.[39]

Selbst die «Bewegung für religiöse Erneuerung», die zu Steiners größter Zufriedenheit ihre Arbeit nach der Gründung Mitte September 1922 mit fulminantem Elan aufgenommen hatte, bereitete ihm Sorgen. Indem sie sich, entgegen der ursprünglichen Verabredung, im Wesentlichen in anthroposophischen Kreisen entwickelte und dort ihre Zuwendung, auch in finanzieller Hinsicht, erhielt, schwächte sie – ungewollt – die angeschlagene Gesellschaft weiter.[40] «Die religiöse Erneuerung war für Außenstehende bestimmt», betonte Steiner am 5. Dezember in der Stuttgarter Waldorfschule.[41] Als er wieder in Dornach zurück war, notierte sich Albert Steffen in seinem Tagebuch:

> Er ist sehr gebrechlich und stützt sich sogar auf seinen Stock. (11. Dezember[42])

Schließlich war auch die inhaltliche Ausrichtung des Goetheanum als Hochschule – inmitten der massiven Kritik durch konfessionelle, akademische und politisch rechtsgerichtete Kräfte – schwierig. Steiner bejahte die

Abhaltung der Hochschulkurse seit Herbst 1920, aber fand manche der Vorträge seiner Mitarbeiter zu konventionell, zu wenig originell und spirituell, um nicht zu sagen: zu wenig anthroposophisch. Er verstand das Befremden vieler Mitglieder der Anthroposophischen Gesellschaft durchaus – und sah ganz andere Notwendigkeiten einer Spiritualisierung der Wissenschaft. Oskar Schmiedel beschrieb in seinen Erinnerungen, dass Steiner mit der Vorbereitung einer naturwissenschaftlichen Tagung am Goetheanum an der Jahreswende 1922 unzufrieden war, der Vorbereitungskreis, zu dem auch Schmiedel selbst gehörte, dies jedoch kaum zur Kenntnis nahm. Mitte Dezember sagte Steiner zu Lilly Kolisko: «Die Leute behandeln mich hier wie ihren Stiefelputzer! Sie arrangieren Tagungen, ohne mich zu fragen und legen mir dann das fertige Programm vor, und ich soll dann auf diesen Tagungen Vorträge halten. Ich lasse mir das nicht mehr gefallen!»[43] Als die naturwissenschaftliche Tagung bereits begonnen hatte, beklagte sich Steiner auch in einem Gespräch mit Ita Wegman und Albert Steffen über das Programm und den Duktus desselben («... dass das Wissenschaftliche so unanthroposophisch vorgetragen wurde»[44]). Er vermisse den Mut, für das Geistige wirklich einzustehen.

*

Addiert man die Sorgen, die Schwierigkeiten und Spannungen des Jahres 1922, so wird die Summe groß – und der Brand des Goetheanum könnte als die Konsequenz eines katastrophalen Jahres erscheinen. Steiner und die Anthroposophie waren nicht gewollt und von Kritikern umstellt; zugleich waren die Probleme innerhalb der Anthroposophischen Gesellschaft erheblich. Die Zahl der

Mitglieder war nach 1918 sprunghaft gewachsen, aber immer noch war es eine kleine Gruppe von aktiven Menschen, und die Herausforderungen, vor denen sie standen, überforderten sie weithin.

Eine reine Bilanzierung aller Schwierigkeiten, die man auf Hunderten von Buchseiten entfalten könnte, aber wird auf der anderen Seite der Wirklichkeit des Jahres 1922 in der Entwicklungsgeschichte der Anthroposophischen Gesellschaft und Bewegung in keiner Weise gerecht. Trotz aller Schwierigkeiten gab es bemerkenswerte Aufbrüche und Entwicklungen in den zwölf Monaten, die der Brandzerstörung des Goetheanum vorangingen, beginnend mit dem sogenannten «Weihnachtskurs» für interessierte Lehrerinnen und Lehrer aus England, Skandinavien, Holland, Deutschland und der Schweiz, den Rudolf Steiner vom 23. Dezember 1921 bis zum 7. Januar 1922 im weißen Saal des Goetheanum abhielt. *«Dasjenige, was mit dieser anthroposophischen Bewegung schon seit ihrem Anfang vor zwanzig Jahren gewollt worden ist, das kommt eigentlich erst jetzt langsam zur Offenbarung»*, bemerkte er im Eröffnungsvortrag.[45] Es war die erste Fachfortbildung mit internationaler Besetzung, die Steiner im Goetheanum durchführte, in deutscher und englischer Sprache – und ein verheißungsvoller Beginn einer neuen, von Anfang an kosmopolitisch orientierten Schulbewegung.

Auch Rudolf Steiners drei Englandreisen des Jahres 1922, die alle von Edith Maryon mit vorbereitet und persönlich begleitet wurden, verliefen überaus positiv und atmeten Zukunftsgeist. Er sprach bei einer Tagung in Stratford-upon-Avon im April, im August in Oxford über «Spiritual Values in Education and Social life» und im November in London. Die Pädagogik-Professorin und Hegel-Spezialistin Millicent Mackenzie, eine Freundin Edith Maryons, die auch den internationalen

Lehrer-Weihnachtskurs mit auf die Beine gestellt hatte, war daran wesentlich beteiligt.[46] Über die Oxforder Konferenz stand in einer Ankündigung der Wochenschrift vom 16. Juli 1922 u.a.:

> Vom 15. bis 29. August findet in Oxford unter dem Präsidium des Unterrichtsministers für Großbritannien, H.A.L. Fisher, ein Ferienkurs, «Geistige Werte in Erziehung und sozialem Leben»[47], statt. Die Einladungen gehen von der bekannten Pädagogin Prof. Mackenzie und Arnold Freeman, dem Leiter des Sheffielder Erziehungsinstitutes aus. Wir lesen in dem englischen Prospekte: «Diese Konferenz ist veranstaltet worden in dem Glauben, dass zu dieser Zeit der Krisen in nationalen und internationalen Angelegenheiten nichts anderes so sehr einer notwendigen Reorganisation zu dienen imstande ist, als ein richtiges Verständnis der geistigen Werte, die der Erziehung und dem sozialen Leben zugrunde liegen. Insbesondere fordert, wenn Fehler vermieden und die besten Ergebnisse für das menschliche Leben und die Entwicklung gesichert sein sollen, der Begriff der Freiheit, seine Grundlage, Methode und Voraussetzung, ein sorgfältiges Studium in dem Lichte, das eine Einsicht in die geistige Wesenheit des Menschen gewähren kann.»[48]

Aus Oxford schrieb Maryon am 18. August an Sophie Bauer: *«Alles geht vortrefflich. Vorträge gut besucht, Publikum nimmt warm auf – Qualität Publikum hoch, viele Lehrer und Persönlichkeiten, die im öffentlichen Leben stehen.»*[49] Ca. 200 Studenten hörten Steiner in Oxford.[50] Eine Publikation seiner pädagogischen Vorträge in englischer Sprache wurde zeitnah vorbereitet und manches kam in Bewegung.[51]

Auch die zwei Reisen in die Niederlande im April und November 1922 mit vielen öffentlichen Vorträgen erzielten eine große Resonanz. Rudolf Steiners fachliche Weiterbildungskurse in Deutschland und der Schweiz bereiteten ihrerseits Zukunftsentwicklungen auf hohem Niveau vor und waren inhaltlich große Würfe – so der sogenannte «nationalökonomische Kurs» im Juli/August 1922 in Dornach mit nicht weniger als vierzehn Vorträgen und sechs fachlichen Besprechungen, der pädagogische «Jugendkurs» im Oktober 1922 in Stuttgart und Steiners naturwissenschaftlicher, wissenschafts- und bewusstseinsgeschichtlicher Vortragszyklus vom Dezember 1922 und Januar 1923 in der Schreinerei des Goetheanum: «Der Entstehungsmoment der Naturwissenschaft in der Weltgeschichte und ihre seitherige Entwicklung».

Auch im Zusammenhang von Ita Wegmans klinisch-therapeutischen Impulsen ging es 1922 entschieden voran. Im April erwarb sie den «Suryhof» im Dorfkern von Arlesheim, der an das Domareal Pfarrer Kullys angrenzte, Steiners aggressivstem Gegner in der ganzen Region. Kully war ein fanatischer Nationalist, Rassist und Antisemit und versuchte, die ganze Gegend mit seinen Predigten, «seelsorgerischen» Gesprächen (oder vielmehr Beeinflussungen) und Artikeln gegen die Anthroposophie agitatorisch aufzuwiegeln, was ihm mit durchschlagendem Erfolg gelang.[52] Dennoch realisierte Wegman ihr «Suryhof»-Projekt in Kullys nächster Nähe. Sie wollte ursprünglich einen zusätzlichen Ort für Patienten und Mitarbeiter schaffen, eine kleine Landwirtschaft mit Gemüseanbau und Kräutergarten für die Klinik, gestaltete dann jedoch immer mehr ein Kinderheim daraus, das heilpädagogische Institut «Sonnenhof».

Es gab noch sehr viele weitere positive Entwicklungen der anthroposophischen Bewegung im schwierigen Jahr 1922, ja geradezu «festliche» Höhepunkte, wie Steiner hervorhob, und es ist, wie zuvor betont, einseitig oder eindimensional – oder schlicht abwegig und falsch –, die Geschichte *nur* als «Krisengeschichte» zu beleuchten. Zu den unbezweifelbaren Höhepunkten der anthroposophischen Bewegung und Gesellschaft gehörte 1922 nicht zuletzt ihr Wiener Pfingst-Kongress vom 1. bis 12. Juni 1922, «die festlichste und glänzendste öffentliche Vortragsveranstaltung der anthroposophischen Bewegung zu Lebzeiten von Rudolf Steiner», wie der Teilnehmer und Mitwirkende Herbert Hahn hervorhob.[53] *«West-Ost. Zweiter internationaler Kongress der anthroposophischen Bewegung zur Verständigung westlicher und östlicher Weltgegensätzlichkeit»*. Die Zielsetzung des Ganzen erläuternd sagte Rudolf Steiner:

> Das ist aus der Überzeugung hervorgegangen, dass wir heute einfach in jenem Zeitpunkte der Zivilisation des Abendlandes stehen, in dem auch, und zwar vorzüglich aus geistigen Untergründen heraus, eine Verständigung über die ganze Kulturwelt der Erde kommen muss.[54]

Die Veranstaltung fand in allen Räumen des berühmten Musikvereinsgebäudes – dem Ort glänzender Konzerte – am Nordende des Wiener Karlsplatzes statt, in nächster Nähe der Technischen Hochschule und Karl Julius Schröers Evangelischer Schule, den zentralen Stätten von Rudolf Steiners Studienzeit. Über 2000 Menschen hörten allabendlich Steiners weitausholende und glänzende Vorträge. Aber auch alle übrigen Fachveranstaltungen des Kongresses, der Elemente der Hochschulkurse einbezog, waren hervorragend besucht, und dies in einer Stadt, die nach dem katastrophalen Weltkrieg und dem Zerfall der alten k. und k.-Monarchie von Hunger und Not, Inflation, Tuberkulose, Ratlosigkeit und Depressionen geprägt war. Über die Aufnahme von Steiners Abendvorträgen schrieb Guenther Wachsmuth in seinen Erinnerungen:

> Es ist für uns, die diese Tage miterlebt haben, schwer, die ungeheure Spannung, Erwartung, Begeisterung und Dankbarkeit, die an jedem dieser Abende den Saal als lebendige Realität durchkrafteten, in Worte zu fassen. […] Da wurde es jedem einzelnen der Anwesenden zur Gewissheit, dass die melancholisch-tragische Atmosphäre der Stadt draußen nicht das wesentliche Signum war, sondern dass hier unter diesen Menschen der Keim eines neuen geistigen Aufstieges in Europa sein kräftiges Wachstum entfaltete, dass der Wille zum Leben aus geistiger Planung ungebrochen war und nur der rechten Erweckung und Stärkung bedurfte. Wenn Rudolf Steiner den Saal betrat, da begrüßte ihn ein dankbarer Beifallssturm, intensiviert durch den akademischen Brauch des Beifalltrampelns der vielen anwesenden Studenten, und wenn nun seine sonore, den weiten Saal erfüllende Stimme die ersten Worte formte, da lauschten ihm die Tausende in gespannter Stille, und man spürte im Saal und auf den Gesichtern die Kämpfe und Wandlungen in den Seelen der Zuhörer, die festgehaltenen oder gelösten Widerstände der Skeptiker, die tragende Kraft der Bejahenden, die fragende und willig mitdenkende Bereitschaft der Jungen, die Begeisterung und Dankbarkeit aller derer, die hier fanden, was sie in der Not der Zeit seit Jahren gesucht hatten.[55]

Auch Marie Steiner-von Sivers bezeichnete den Wiener West-Ost-Kongress nicht nur als einen wirklichen «Glanzpunkt in der Entwickelungsgeschichte der Anthroposophischen Gesellschaft», sondern insbesondere als einen großen persönlichen Erfolg Rudolf Steiners:

> Es war, als ob der Heimatboden Kräfte des Willkommens ausstrahlte, der Freude, der bewundernden Anerkennung desjenigen, der als Mensch vollbracht hat, was Österreich als Staat zu vollbringen nicht in der Lage gewesen ist: den Nationalitätenstandpunkt überwindend und aus dem Geiste heraus seine Probleme lösend, ein umfassendes, volles Menschentum darzuleben.[56]

Rudolf Steiner hielt während des Kongresses nicht nur elf lange Vorträge, sondern nahm an allen anderen Beiträgen und an vielen seminaristischen Einheiten teil; er half auch bei den Eurythmie-Proben und sprach einführend vor Marie Steiner-von Sivers Rezitationen. Insbesondere der nachdrückliche Erfolg der Eurythmie in der Stadt der musikalischen Künste war ihm eine große, unübersehbare Freude – nie zuvor war der Eurythmie bei öffentlichen Aufführungen ein vergleichbares Maß an Zustimmung entgegengebracht worden wie nun in Wien. Hier in Wien hatten Rudolf Steiners anthroposophische Forschungen zur Menschenkunde ihren geschichtlichen Ausgangspunkt vor mehr als vier Jahrzehnten genommen – und hierher kehrten sie nun, auch in der künstlerischen Gestalt der Eurythmie, in gewisser Hinsicht zurück. Darüber hinaus bezog das Eurythmie-Programm – neben Bildern aus den Mysteriendramen – unter anderem Gedichte von Fercher von Steinwand und von Josef Kitir ein, die Rudolf Steiner einst im Wiener

Kreis um Friedrich Lemmermayer kennengelernt hatte. Zu diesen Gedichten hatte er entsprechende Formen entworfen – zu Werken von Menschen, die ihm persönlich zu Studienzeiten nahegestanden hatten und deren Arbeiten und Wesen er in Treue verbunden geblieben war. Der Dichter Josef Kitir, der verarmt in Wien lebte und bereits ein Jahr später unter tragischen Umständen in der Landes-Irrenanstalt Steinhof starb, besuchte die Vorstellung vom 9. Juni und erhielt ihre Gesamteinnahme von Rudolf Steiner.

Nicht nur die Begegnung mit Josef Kitir und die mit ihm und Fercher von Steinwand verbundenen Erinnerungen waren für Rudolf Steiner bewegend. Er ging in seinen Vorträgen am Karlsplatz sehr bewusst auf Brentano und Schröer ein, die seinen Erkenntnisweg in seiner Studienstadt gesäumt hatten, schilderte bereits im ersten Vortrag – in seiner Darstellung der Größe und Grenze des modernen naturwissenschaftlichen Denkens – indirekt sein eigenes produktives Ringen Anfang der 1880er Jahre in Wien, und positionierte Goethe und den Goetheanismus in diesem Zusammenhang an zentraler Stelle. Er deutete auch indirekt und behutsam an, welche innere Arbeit den Forschungsergebnissen des «modernen übersinnlichen Erkenntnisweges» realiter zugrunde lag, und sagte im Kontext des sozialen Dreigliederungsgedankens nahezu zwischen den Zeilen: *«Und wer in solchen Dingen Erfahrung hat, der weiß, wie er auf manche Erkenntnis jahre-, jahrzehntelang warten muss, bevor sie sich ihm erschließen.»*[57]

Rudolf Steiner wohnte in den Wiener Tagen im «Hotel Imperial» an der Ringstraße. Inmitten der nahezu pausenlosen Kongressaktivitäten aß er hier mit wenigen Mitarbeitern zu Mittag und erzählte ihnen Jugenderlebnisse und Dialoge im Dialekt; «die ungeheuren Strapazen während eines solchen Kongresses waren dann wie ausgelöscht, bis das Tagespensum wieder pausenlos einsetzte», schrieb Guenther Wachsmuth.[58] Wachsmuth hielt ebenfalls fest, dass Rudolf Steiner in den vortrags- und aufführungsfreien Stunden eine nicht endende Reihe von Besuchern aus verschiedenen Ländern empfing, die mit ihm sprechen wollten – in fachwissenschaftlichen, spirituellen oder persönlichen Angelegenheiten:

> So war das ganze Treppenhaus des Hotels «Imperial» in Wien, wo er wohnte, von der Eingangshalle bis hinauf zu seinem Zimmer dauernd von einer nie abreißenden Kette von Menschen erfüllt, die auf den Treppenstufen und in der Hotelhalle in Reih und Glied auf den Augenblick warteten, wo er sie für einige Minuten empfangen konnte. Es war ein seltsames Bild, das sich da in diesem eleganten Wiener Hotel darbot, und ich musste gemeinsam mit einem jüngeren Freund, Andreas von Grunelius, eine besondere Organisation schaffen, um diesen endlosen Besucherstrom in geordnete Bahnen zu leiten, damit der große Hotelbetrieb nicht allzu sehr blockiert werde. So kam fast jeder der Wartenden doch in diesen Tagen noch zu einem kurzen Gespräch mit ihm, dessen Rat sie suchten, und für wie viele, die von weither gekommen waren, bedeutete dies eine entscheidende Stunde in ihrem Leben! Seine Konzentrationskraft und unermessliche Menschenliebe gaben ihm die Möglichkeit, in wenigen, dem Wesen und der Lebenssituation jedes Einzelnen gerecht werdenden Worten ihnen etwas mit auf den Lebensweg zu geben, das oft für die zukünftige Selbstgestaltung des Schicksals dieser Menschen entscheidend war.[59]

Weiter führte Wachsmuth aus:

> […] In der Regelung dieses Besucherstromes, die er mir anvertraut hatte, konnte ich seine außergewöhnliche Gabe der Intuition, ja, ich muss sagen, der bei ihm eben vorhandenen Fähigkeit der hellsichtigen Überwindung räumlicher Distanzen an seltsamen Beispielen erleben. Denn es waren unter den vielen ernsten Besuchern natürlich in dieser Weltstadt auch einige nur Neugierige gekommen, Journalisten, Sensationshungrige, Unterschriftensammler usw. Wenn ich nun jeden Einzelnen zu Besuch bei ihm anmeldete, von denen er viele weder dem Namen nach kannte noch je vorher gesehen hatte, so war es immer wieder erstaunlich, wie er sofort seine Auswahl traf, obwohl er die Menschen nicht einmal vor sich hatte, denn sie standen draußen im Treppenhaus oder warteten unten in der Halle. Ohne dass ich etwas zur Charakteristik des Besuchers sagte, gab er immer nach kurzem Nachsinnen sein Ja oder Nein, ob er den Betreffenden empfangen wolle oder nicht. Und es war verblüffend, wie er diese Auswahl gerade unter den völlig Unbekannten traf. Ein besonderes Beispiel: ein sich sehr wichtig machender Besucher bedrängte mich in der Hotelhalle, er müsse ihn unbedingt sprechen, wollte aber den Zweck nicht angeben, und ich konnte nicht einmal den Namen verstehen; ich meldete ihn an, Rudolf Steiner aber sagte mir oben im Zimmer, ohne ihn zu sehen: Geben Sie ihm ein paar Schilling, dann wird er wieder gehen. Ich war bestürzt, weil mir dies nach dem Aussehen des Besuchers unmöglich schien, ging aber wieder hinunter und tat zögernd, was mir aufgetragen war, einen Entrüstungssturm erwartend. Aber es geschah genau, wie vorhergesagt: er nahm

es und ging. Dies nur eine kleine, doch auch typische Episode aus der Fülle solcher Erlebnisse. Es ließen sich noch viele solcher Beispiele erzählen. – Andere völlig Unbekannte empfing er dann wieder zu eingehendem Gespräch. Die meisten der Besucher kamen eben mit Fragen der wissenschaftlichen Forschung oder der geistigen Lebensführung zu ihm. Man muss sich gegenwärtig halten, dass sich all dies inmitten eines aufreibenden Tagespensums mit zahlreichen Veranstaltungen vollzog, dass er dabei niemals Zeichen von Müdigkeit zeigte, immer freundlich, bestimmt, klar und eindeutig alles Große und Kleine vollzog.[60]

Von einer Anthroposophin aus Rom, Alcibiade Mazzarelli, wurde später eine Meditation bekannt, die sie von Rudolf Steiner am 11. Juni 1922, am vorletzten Tage des Kongresses, erhielt, möglicherweise im Zusammenhang eines Gespräches im Hotel «Imperial»:

Ich höre das Sonnenwort
Es spricht
Licht scheine in dein Herz
Herzenslicht
Stärke deine Menschenkraft
Du wirst gesund
Durch das Sonnenwort.[61]

*

In seinem letzten Vortrag des Wiener Kongresses sprach Rudolf Steiner am 12. Juni schließlich über den «Baugedanken von Dornach»; dorthin, in die Freie Hochschule für Geisteswissenschaft, mündete sein Weg und die Arbeit seines Lebens, für eine Zivilisation der Zukunft.

Noch nach Ende des Kongresses empfing er weitere Besucher, darunter den österreichischen Schriftsteller, Dichter und Übersetzer nordamerikanischer Literatur, Max Hayek aus Hrušky (Birnbaum) in Südmähren, der keine näheren Beziehungen zur anthroposophischen Bewegung hatte. Nach Steiners Tod veröffentlichte Hayek seine Erinnerungen an das Wiener Gespräch, an dem auch seine Frau, die Malerin und Graphikerin Sascha Kronburg, teilgenommen hatte. In Hayeks Bericht steht u. a.:

> Ich stand einem alten Manne gegenüber, einem alten niederösterreichischen Bauern. Ja, das war ein echter Österreicher, einer vom Typ, den der österreichische Boden selten, ganz selten hervorbringt, in dem aber dann die Kräfte von dieser und von jener Welt in ganz eigentümlicher, kernhafter, markiger Weise sich kreuzen. Ich sah einen alten Bauern, der sich auf seinem Grunde zu Tode geackert hatte, und nun, welk und verbraucht, vor mir stand, ein guter, guter Mensch, der alles eingesetzt und sich völlig ausgegeben hatte.[62]

Am Ende seines Artikels bezeichnete Hayek das kurze Gespräch mit Rudolf Steiner als die «seltsamste, geheimnisvollste Begegnung» seines bisherigen Lebens, und formulierte im Rückblick:

> Ein Mann von vollkommener Bildung und vollkommenem Adel war vor mir gestanden, ein Eingeweihter, ein Geist von großartiger Universalität, ein wahrhaft Goethescher Mensch, ein Weltbürger nicht nur, sondern ein Weltenbürger. Er war denn auch ein Fremdling auf dieser Erde, ein Fremdling unter den Menschen. Einer jener tragischen Fremdlinge, die zu uns kommen, sich an uns verschenken und sterben.[63]

Auch Hayek starb in gewisser Weise als «tragischer Fremdling», zu dem ihn seine Zeit oder vielmehr das deutsche NS-Regime machte; er wurde im Mai 1944 in Auschwitz-Birkenau in einer Gaskammer ermordet, nach seiner Deportation aus dem belgischen Lager Malines-Mechelen.[64]

*

Über die Kräfte des Bösen hatte Steiner nur vor den Mitgliedern der Anthroposophischen Gesellschaft in Wien in seinem internen Vortrag vom 11. Juni gesprochen (*«Anthroposophie als ein Streben nach Durchchristung der Welt»*). In ihm fielen auch die Sätze:

> Anthroposophie erfordert als Sache wirklich menschliche Brüderlichkeit bis in die tiefsten Tiefen der Seele hinein. Sonst kann man sagen: Ein Gebot ist die Brüderlichkeit. Bei Anthroposophie muss man sagen: Sie wächst nur auf dem Boden der Brüderlichkeit, sie kann gar nicht anders erwachsen als in der Brüderlichkeit, die aus der Sache kommt, wo der einzelne dem anderen das gibt, was er hat und was er kann.[65]

Hayeks Schilderung seiner Begegnung mit Rudolf Steiner wurde 1925 im Geist dieser «Brüderlichkeit» verfasst, atmete ihren Ton und ihre Gesinnung. Mit dem Satz «durch den Heiligen Geist werden wir wiedererwachen im Geistselbst» übersetzte Steiner in seinem Wiener Vortrag die Rosenkreuzerstrophe *«Per spiritum sanctum reviviscimus»*. – Die ebenfalls 1944 in Auschwitz ermordete jüdische Anthroposophin, Schriftstellerin und Geigenlehrerin Alice Wengraf[66] erlebte den Wiener «West-Ost-Kongress» als ein atmosphärisches Gegengewicht zur «Zeit ärgster Völkerverhetzung und Weltenfeindseligkeit».[67]

Marie Steiner sprach rückblickend von einer «Palmsonntagsstimmung» der Wiener Veranstaltung und meinte damit, dass Rudolf Steiner in der Stadt seiner Universitätsstudien zwar gefeiert worden sei, die Angriffe auf ihn im Nachgang des Kongresses jedoch nicht verstummten und sein gesamtes Goetheanum sechs Monate später zerstört wurde. Dennoch bedeutete der Wiener Kongress Rudolf Steiner sehr viel, wie auch seine ausführliche Schilderung der Wiener Tage in seinem Reisebericht vor den Mitgliedern in Dornach vom 18. Juni zeigte, der bis heute nur teilweise veröffentlicht wurde.[68] Steiner zog ein insgesamt positives Fazit der Großveranstaltung und ihrer Intention, einen Beitrag zur West-Ost-Verständigung leisten zu wollen. Noch einmal rechtfertigte er, diesmal in Dornach, die «exoterische» Ausrichtung der öffentlichen Vorträge. Die anthroposophische Bewegung habe aus dem «Esoterischen» begonnen, nie eine «Agitation» betrieben und gewartet, welche Menschen schicksalsmäßig zu ihr finden. Dann sei sie jedoch durch ihre eigene Verbreitung und die unternommenen Gründungen gezwungen worden, von diesem Weg abzugehen und eine «Verteidigungsstellung» zu beziehen. Sie habe sich nun auch in Wien öffentlich exponiert, in einer Stadt, die – trotz aller Versäumnisse Österreichs in den letzten Jahrzehnten – noch immer ein «besonders geeigneter Ort» für die notwendige Verständigung des Westens mit dem Osten sei, eine «Verständigung über die ganze Kulturwelt der Erde» hinweg.[69] Für diese Verständigung sei, so Steiner in Fortführung seiner Gesichtspunkte aus den Dornacher Wochenschrift-Artikeln und zahlreicher Vorträge des Jahres 1921, ein neues «Vertrauen» zwischen dem Orient und dem Okzident notwendig, das zuerst «auf geistigem Gebiete» ausgebildet werden müsse. Dafür habe er mit seinen Abendvorträgen in Wien Grundlagen schaffen wollen. Noch immer sei Österreich, obzwar sehr geschwächt, von Bedeutung für eine «Brücken»-Bildung von West und Ost; es habe in der Vergangenheit so viele «Kultur-Fermente» in sich aufgenommen, zu denen Steiner an dieser Stelle auch die akademische Bildung und den «liberalen Katholizismus» in den letzten Jahrzehnten des 19. Jahrhunderts, dem er in den Kreisen um Laurenz Müllner, Vinzenz Knauer und Wilhelm Neumann begegnet war, zählte.[70] In seinen – humorvollen – Charakterisierungen der anthroposophischen Redner des Kongresses schrieb er den Beteiligten Attribute der alten monasterischen Kultur zu und rechnete Kolisko, freilassend, den Dominikanern, Walter Johannes Stein den Zisterziensern, Karl Schubert den Piaristen, Baravalle und Blümel dagegen den Benediktinern zu. Das Fernbleiben der einflussreichen Wiener Ärzteschaft, nach den Auseinandersetzungen um Koliskos vorbereitenden Vortrag in der «Gesellschaft der Ärzte in Wien»[71], bedauerte Steiner außerordentlich – «man wollte sich ja mit den Leuten auseinandersetzen»[72]. Dennoch sei der Kongress «außerordentlich gut» verlaufen und werde Nachwirkungen haben. Er sei hervorragend vorbereitet gewesen und das Publikum sei in «einzigartiger Weise» mitgegangen. Mehr als an anderen Orten habe man in Wien in «voller Öffentlichkeit» gestanden; die ganze Wiener Öffentlichkeit, das ganze «furchtbar geplagte Österreich» habe sich mit dem Kongress beschäftigt.[73] Die «uralte» Wiener Kultur sei empfänglich für das Anliegen des Kongresses gewesen, Menschen aller Schichten der Bevölkerung hätten an ihm teilgenommen, am letzten Tag seien Arbeiter zu ihm gekommen, die auch Interesse an der sozialen Dreigliederung gehabt hätten. Auch wenn, so Steiner, das «dicke Ende» gewiss noch folge,[74] sei nun doch die Anthroposophie in Wien als etwas angekommen, mit dem man sich beschäftigen müsse. Daraus würden jedoch auch Verpflichtungen erwachsen; die Anthroposophische Gesellschaft müsse «weitherziger» werden, dürfe sich nicht abschließen, sondern müsse Beziehungen aufnehmen. «Der Wiener Kongress ist schon eine Art von Wendepunkt in Bezug auf dasjenige, was die anthroposophische Bewegung sein soll.»[75]

*

Wie bereits erwähnt, war die begeisterte Aufnahme der Eurythmie eine besondere Freude für Rudolf Steiner, ja, des gesamten künstlerischen Programmes der Tagung, zu dem auch eine Bruckner-Feier, zwei Abende des Thomastik-Quartettes (unter Konzertmeister Karl Balz) und ein Liederabend der Sängerin Valborg Werbeck-Svärdström gehörten (vgl. a. S. 82).

Die enorme Resonanz, auf die die Eurythmie 1922 in Wien, aber auch in Den Haag und London stieß, gehörte für Rudolf Steiner ohne Zweifel zu den lichten Entwicklungen des Jahres. Im Juli 1922, drei Monate nach seinen Shakespeare-Vorträgen und Aufführungs-Erlebnissen in Stratford-upon-Avon (wo er über sechs Tage allabendlich Shakespeare-Stücke gesehen hatte), hielt Rudolf Steiner mit Marie Steiner-von Sivers einen überaus gut besuchten und erfolgreichen Sprachgestaltungskurs am Goetheanum ab; wohl zu dieser Zeit entwarf er handschriftlich – in deutscher und englischer Sprache – ein provisorisches Ankündigungsplakat für die Gesamtaufführung aller vier Mysteriendramen für August 1923 in Dornach;[76] der Überlieferung zufolge beabsichtigte Steiner, den Bau zu Weihnachten 1923 mit der Aufführung eines fünften Mysteriendramas feierlich einzuweihen.

Nein, es war kein permanentes und ausschließliches Krisenjahr, trotz der mitunter großen Spannungen. Zu den geistigen Höhepunkten des Jahres gehört mit Sicherheit auch Steiners Kurs «La Philosophie, La Cosmologie et la Religion, comme parties de l'Anthroposophie» in der «semaine française» des Goetheanum, der komplett im Kuppelbau – und nicht in der Schreinerei – stattfand. In gewisser Weise bedeuteten diese Vorträge, nach dem «exoterischen» Hochschulkurs im September/Oktober 1920, die ideelle Eröffnung des Goetheanum, gerade auch in erkenntnismethodischer Hinsicht. *«Ich ging zu jedem meiner Vorträge hin und von ihnen weg mit einem innigen Dankbarkeitsgefühle gegenüber denjenigen, welche den Bau des Goetheanums veranlasst haben. Denn gerade bei diesen Vorträgen, in denen ich ein weites Gebiet der Erkenntnis vom anthroposophischen Gesichtspunkte zu umfassen hatte, musste ich das Wohltuende tief empfinden, Ideen aussprechen zu dürfen, die sich in dem Bau eine künstlerische Umrahmung haben schaffen dürfen»*, schrieb Rudolf Steiner in knapper Weise im Rückblick.[77] Der große Saal des Baues war vollbesetzt und die Kursatmosphäre «besonders festlich», wie der Teilnehmer Emil Bock in seinen Erinnerungen hervorhob; auch Bock empfand das absolut Stimmige der Vorträge im Verhältnis zum Bau.

Die zentralen Inhalte seiner zehn Vorträge schrieb Rudolf Steiner jeweils am Vorabend auf, einerseits für seinen Übersetzer Jules Sauerwein – der jedoch schon wiederholt ohne alle «Autoreferate» Steiner in die französische Sprache vermittelt hatte –, andererseits zur Publikation der Texte in der Dornacher Wochenschrift, die ihm wichtig erschien. Nie zuvor war Rudolf Steiner so vorgegangen – und wollte offensichtlich auch keine zusammenfassende Kurscharakteristik von Albert Steffen, sondern selber schreiben.[78]

Eine «menschenumfassende» Philosophie, Kosmologie und Religion war ein Kernanliegen der von ihm intendierten Freien Hochschule für Geisteswissenschaft – und die «Anschauungsart des Goetheanum» (Steiner) kam in den Vorträgen in besonderer Form zur Sprache. Steiners Darstellungen kulminierten in der Möglichkeit einer Erneuerung des – auf intuitiven Wegen zu gewinnenden – «religiösen Bewusstseins», von dem er unter anderem sagte:

> Für die ganze Menschheit kann durch diese anthroposophische Vertiefung ein Gewinn auch in der Erneuerung des religiösen Bewusstseins erstehen, das dadurch erst ein vollbewusstes christliches Bewusstsein wird. Die richtige weitere Entwickelung des Christentums möchte die Anthroposophie mitbewirken in dem Sinne, dass sie nicht eine neue Religion werden will, sondern helfend dastehen will zur Ausgestaltung der durch das Mysterium von Golgatha in die Welt gekommenen christlichen Religion. Diese hat in sich die Kraft, sich weiter zu entwickeln, und Anthroposophie möchte das in der richtigen Weise verstehen und für diese Weiterentwickelung eine richtige Helferin sein.[79]

Rudolf Steiner sprach in diesem Zusammenhang auch über das «unmittelbare Wissen von dem Christus», das in der Gegenwart des 20. Jahrhunderts möglich geworden sei, und beschrieb Christus, den «Menschheitsrepräsentanten», als «Weltenführer in der Freiheit».[80] Bereits im April hatte er in einem seiner Londoner Vorträge in Gegenwart Edith Maryons gesagt:

> Nicht Sekten bildend will Anthroposophie auftreten; eine Dienerin will sie sein der Religionen, die schon da sind, eine Wiederbeleberin des Christentums will sie sein in diesem Sinne. Damit will sie nicht nur alten religiösen Sinn bewahren, nicht nur dazu berufen sein, das alte fortstrebende religiöse Leben weiter fortzubringen; nicht nur zur Belebung, sondern zur Auferstehung des religiösen Lebens will sie beitragen, weil dieses religiöse Leben durch das moderne Dasein, durch die moderne Zivilisation gar zu sehr gelitten hat. Darum möchte die Anthroposophie ein Liebesbote sein, nicht nur eine Wiederbeleberin des alten religiösen Sinnes, sondern eine Erweckerin zur Auferstehung des inneren religiösen Sinnes der Menschheit.[81]

Edith Maryon, seine Mitarbeiterin an der Christus-Plastik, hatte die Mitschriften der 29 Vorträge von Steiners großem Theologenkurs vom Oktober 1921, ein halbes Jahr vor London, mit größtem Interesse studiert, nachdem sie ihr von Rudolf Steiner übergeben worden waren («Auch lese ich die religiösen Vorträge die höchst interessant sind.»[82]). Die «Französische Woche» endete am 15. September 1922. Am Tag darauf zelebrierte Friedrich Rittelmeyer im weißen Saal des Goetheanum, dem «kleinen, sehr hochgelegenen Raum»[83], die erste «Menschen-Weihehandlung» als Form eines erneuerten christlichen Kultus, wodurch die Christengemeinschaft als «Bewegung für religiöse Erneuerung» begründet wurde.

Obwohl die gesellschaftlichen Entwicklungen bis zum Ende des Jahres 1922 nicht einfach werden sollten (s. o.), unterstützte Rudolf Steiner vorbehaltlos auch diese Bewegung, die mit Hilfe der Anthroposophie möglich geworden war.[84] Das «vollbewusste christliche Bewusstsein» bildete die innere Voraussetzung jener «Ausgestaltung der durch das Mysterium von Golgatha in die Welt gekommenen christlichen Religion», von der Rudolf Steiner sprach. In dieser Ausrichtung bezeichnete er die Anthroposophie als die «Wiederbeleberin des Christentums» und die «Erweckerin zur Auferstehung des inneren religiösen Sinnes der Menschheit» bzw. zur «Auferstehung des religiösen Lebens». Zu dem Kreis der Menschen, die die Christengemeinschaft Mitte September 1922 mit seiner Unterstützung im Goetheanum begründeten, sagte er unter anderem:

> [...] Ihr wisst, es soll sich schon in der ersten Hälfte des 20. Jahrhunderts das vollziehen, dass der Christus – der im Angesichte verlorengegangen ist für die Seelen, weil sie verloren haben dasjenige Schauen, das ich eben charakterisiert habe und das Diskussionen über die Transsubstantiation unnötig machte – wieder erscheine für die schauenden Seelen. Aber die Menschen werden etwas dazu tun müssen. Der Christus ist bereit, in ätherischer Gestalt sichtbarlich für die Menschen wieder umherzuwandeln, aber die Menschen müssen etwas dazu tun. Wenn Ihr in der richtigen Weise Eure Bewegung inauguriert und fortführt, so wird es geschehen können durch die Kraft, die in Eurer Menschenweihehandlung liegt und die übergeht auf die Gemeinden. Dann habt Ihr das, was Ihr tut, erfasst als ein unmittelbar spirituell Reales.[85]

Wie ein Jahr zuvor, wies Rudolf Steiner auch im Begründungskurs der Christengemeinschaft auf die Realpräsenz des (ätherischen) Christus-Wesens im Vollzug des Altarsakramentes, der «heiligen» Menschen-Weihehandlung, hin, und betonte:

> Aber vor allen Dingen werden Sie sich bewusst werden müssen des *gegenwärtigen* Christus, des Christus, der in unmittelbarer Gegenwart seine Kraft in alles das hinein sendet, was Sie im einzelnen vollbringen und der vor allen Dingen anwesend ist, wirklich anwesend ist, in der Menschenweihehandlung.[86]

Über die Begründung der Christengemeinschaft und den Vollzug der ersten Menschen-Weihehandlung schrieb Steiner in einer späteren Erinnerung:

> *Ich selbst muss, was ich mit diesen Theologen in dem kleinen Saale des Südflügels, in dem später der Brand zuerst entdeckt worden ist, im September 1922 erlebt habe, zu den Festen meines Lebens rechnen. Hier konnte mit einer Reihe edelbegeisterter Menschen der Weg gegangen werden, der Geist-Erkenntnis in das religiöse Erleben hineinführt.*[87]

*

Nein, die «Krise» war nicht das allgemeingültige Charakteristikum des Jahres 1922 in der Anthroposophischen Gesellschaft und Bewegung, höchstens im Sinne der «Krisen»-Definition der Brüder Grimm – «Entscheidung in einem Zustande, in dem Altes und Neues [...] miteinander streiten»[88].

Rudolf Steiner sprach von den Gründern der Christengemeinschaft, die ganz überwiegend junge, vom Christentum und der Anthroposophie tief beeindruckte Seelen waren, als von «edelbegeisterten Menschen». Steiners mitunter sehr kritische Worte in Stuttgart und an anderen Orten sollten nicht in Vergessenheit bringen, dass er zu seinen Mitarbeitern in der Anthroposophischen

Gesellschaft und Bewegung stand, unter denen viele einsatzfähige, talentierte und spirituell motivierte Menschen waren, auch zahlreiche mit akademischem Format. Wiederholt äußerte sich Steiner ausgesprochen lobend und anerkennend, hinsichtlich seiner Reisen nach England (dort seien Persönlichkeiten vorhanden, «welche die Pflege und Vertretung der anthroposophischen Sache als einen Teil ihrer Lebensaufgabe ansehen und tatkräftig in diese Richtung wirken»[89]), nach den Großveranstaltungen in Berlin, Den Haag und Wien – und bei anderen Gelegenheiten. Es waren nicht allzu viele solche Mitstreiter, aber sie waren da und Rudolf Steiner sah ihre Fähigkeiten und ihr Engagement. Seine Charakteristiken der Beiträge zum Den Haager Hochschulkurs, die er in der Wochenschrift des Goetheanum publizierte («Meine holländische und englische Reise»), waren ein Lehrstück der Wahrnehmung und des Verständnisses des Anderen, auch der Andersheit des Anderen. Über den Auftritt von sieben Waldorflehrern in Den Haag schrieb Steiner in präziser Diktion, des Weiteren über die Vorträge von Carl Unger, Friedrich Husemann und Elisabeth Vreede. Steiner sprach relativierend von einer «Summe von subjektiven Wahrnehmungen»[90], doch es war weit mehr als das, was er schrieb und veröffentlichte – und er wusste es auch. Elisabeth Vreede verbinde «gründliche anthroposophische Einsicht mit einer ausgezeichneten Klarheit darüber, wie Anthroposophie in die Einzelwissenschaften eingeführt werden soll»[91]; damit war Wesentliches über sie, aber auch über das Anliegen der Hochschulkurse gesagt. Über Eugen Kolisko hieß es in diesem Zusammenhang:

> Persönlichkeiten wie Dr. med. *Eugen Kolisko* können von der anthroposophischen Bewegung nicht hoch genug eingeschätzt werden. Er hat in Haag über bi-

ologische und chemische Probleme und auch über ‹Freies Geistesleben durch Anthroposophie› gesprochen. Der naturwissenschaftliche Phänomenalismus hat in Kolisko einen Verfechter, der diese Seite des anthroposophischen Denkens überall aus der unbefangenen Sach-Erkenntnis objektiv entwickelt. Man hat bei Kolisko nirgends das Gefühl, dasss er von vornherein Anthroposophie in seine Welt-Erkenntnis hineinträgt, sondern überall das, dass er in einem sachgemäßen, aber intimen Denken aus den konkreten Problemen die anthroposophische Anschauung gewinnt. Dabei ist er innig als Persönlichkeit mit seinen Problemen verwachsen, so dass für mein Gefühl man ihm gegenübersteht als einer durch und durch wissenschaftlich überzeugend wirkenden Persönlichkeit. Wenn ich von ihm so sprechen höre wie diesmal über ‹freies Geistesleben›, dann habe ich die Empfindung: der redet bis ins Herz hinein wahr; und in dieser Wahrheit lebt er sich restlos aus.[92]

«In Holland war mein Erlebnis die Arbeit im Kreise der befreundeten Mitarbeiter. In ihrer Arbeit lebte ich mit», betonte Steiner zusammenfassend – und so war es ganz offensichtlich auch.[93] Mitunter – wenn auch sehr selten – gab es 1922 auch unerwarteten Zuspruch für Steiner von prominenten Persönlichkeiten aus dem nicht-anthroposophischen Umfeld; so besuchte Albert Schweitzer Steiner im Sommer 1922 in Dornach, sehr wahrscheinlich im Rahmen einer Orgelkonzertreise in der Schweiz zur Unterstützung des Spitals in Lambarene. «Denken Sie! Heute ist Albert Schweitzer bei mir gewesen! Das ist wirklich eine bedeutende Persönlichkeit», sagte Rudolf Steiner mit strahlendem Blick zu Emil Bock, der ebenfalls in Dornach weilte.[94]

Steiners intensivste Briefkorrespondenz des Jahres 1922,[95] die immer mit der Arbeit der anthroposophischen Bewegung verbunden blieb, war diejenige mit *Edith Maryon.* Elf Briefe und zwei Telegramme an sie erhielten sich aus dieser Zeit, des Weiteren 23 Briefe Maryons an ihn vom Januar bis Dezember 1922. Er schrieb ihr von den großen Vortragsreisen im Januar und Mai durch Deutschland und seine Erfahrungen, über die Vorbereitungen der Reisen nach England und damit zusammenhängende Fragen, von seiner Sehnsucht nach der Fortführung der gemeinsamen plastischen Arbeiten an der «Christus-Gruppe» in «unserem» Atelier; er schrieb ihr mehrmals aus Stuttgart, aber auch aus Wien (vom Hotel «Imperial») – «Man muss froh sein über die Aufnahme [des Wiener Kongresses], darf sich aber keinen Illusionen hingeben. Was wir wollen müssen, kann eben doch nur einen langsamen Weg machen, aber wir müssen auch den Augenblick beachten.»[96] Maryons Briefe handelten von den Dornacher Vorgängen in seiner Abwesenheit, insbesondere jedoch von ihrer Sorge um ihn, um seine gesundheitliche Situation und ihre Angst vor möglichen Attentaten auf ihn. Steiner stand 1922 auf Listen gewaltbereiter Organisationen des rechten Spektrums; bereits im Januar 1922 schrieb Maryon ihm von ihren Befürchtungen vor seinem Münchner Vortrag. Sie werde erst beruhigt sein, wenn sie Nachricht von ihm habe, dass er die Stadt wieder verlassen habe ... Am 9. Mai 1922 hieß es dann erneut:

> Jetzt hoffe ich Sie geben recht viel acht in Berlin; in München aber noch viel mehr – nicht allein ausgehen usw.[97]

Sie schrieb ihm auch noch in den Stunden vor seinem Münchner Vortrag vom 15. Mai (in der Hoffnung, «dass alles gut gehen möge»[98]) und erhielt am nächsten Morgen, nach seiner frühen Abreise, sein Telegramm aus Mannheim: «München überstanden. Steiner»[99]. Zu ihrem 50. Geburtstag am 9. Februar 1922 hatte er ihr den Spruch geschenkt:

Suche im Denken
den Willen
Und du findest
dich selbst:
denn des eignen Wesens
Weben gehet dir auf;
Suche im Wollen
die Gedanken
Und du findest
die Welt:
denn die Weltgedanken
Kraftend enthüllen sich dir.[100]

Seiner Mitarbeiterin Edith Maryon teilte Rudolf Steiner auch immer wieder seine Mühe mit Repräsentanten der Anthroposophischen Gesellschaft in Deutschland mit, ihrem selbstbewussten Habitus und ihrer mangelhaften inneren Schulung und Initiativkraft – «Die Menschen kommen nicht vorwärts.»[101]. Die Lektüre solcher Nachrichten fiel ihr offenbar schwer:

> Meine Gedanken sind recht viel in Stuttgart, ich hoffe sehr, dass die Menschen sich aufraffen werden, und etwas würdig zu stande bringen, die Welt hat es so nötig, und man könnte dann wieder etwas Hoffnung fassen.[102]

*

Edith Maryons Sorge galt auch dem Dornacher Bau und seiner permanenten Gefährdung in einer Umgebung, in der so viele aversive Kräfte und destruktive Tendenzen lebten. Sie arbeitete mit Rudolf Steiner, wann immer er in Dornach war und Zeit hatte, an der Holzplastik des Christus mit Ahriman und Luzifer, der Auseinandersetzung um die Zukunft des Menschenwesens. Maryon war von der Bedeutung dieser Arbeit durchdrungen, ebenso vom Bewusstsein der Bedrohung und Gefahr. Sie war eine spirituell wache und geschulte, geistig fortgeschrittene Künstlerin und arbeitete mit Steiner an einem Kunstwerk, das er als die «Krönung» des Dornacher Baues betrachtete und das mit im Zentrum seines Hochschulverständnisses stand. Einmal sagte er gar, fast schon im Sinne eines Lebensrückblickes, es sei seine «Aufgabe» gewesen, diese «Hauptgruppe» in den «Bau der Hochschule für Geisteswissenschaft» hineinzustellen – in den Bau der Hochschule, und keinesfalls nur in das physische Haus.[103] In London, ihrer Heimat, führte Steiner im April 1922 manche neue Aspekte über das Wirken Ahrimans in der Gegenwart aus, auch im Hinblick auf die Inkarnationsbewegung des Menschen («Ahriman erreicht seine großen Erfolge dadurch, dass er die zweite Hälfte des menschlichen Lebens vom Tode bis zu einer neuen Geburt verkürzt. […] Dadurch ergreift er mit einer starken Hast, mit einer starken Energie das menschliche Gehirn mit seiner Denkkraft. Er hakt sich gewissermaßen in das Gehirn hinein.»[104]). Über die Gefährdung der anthroposophischen Bewegung hieß es in diesem Zusammenhang:

> Dasjenige […], was durch Anthroposophie Zeugnis ablegen will, hat sehr starke Feinde, die von den ahrimanischen Mächten inspiriert sind. Immer stärker und stärker werden diese Kräfte! Das möchte ich

Ihnen gerade am heutigen Tage sagen, damit Sie sich nicht verwundern, wenn das, was als anthroposophische Bewegung in die Welt treten will, mit furchtbaren feindlichen Kräften immer mehr und mehr zu kämpfen haben wird. Gewissermaßen muss es ein wirkliches Ergebnis dessen werden, dass wir einsehen, was mit diesen anthroposophischen Bestrebungen gewollt wird, dass wir ein waches Auge auch haben für die furchtbar verleumderischen oder sonstige Attacken ausführenden Feinde, die nicht aufkommen lassen wollen diese Bewegung. Aber wie stark sie auch sein mögen, so stark muss auch sein die Kraft im Menschen durch das Positive seiner eigenen Energie.[105]

Vier Monate später, im August 1922, hörte Edith Maryon wiederum in London Steiner sagen:

> Es wird noch ungeheure Gegnerschaft geben, vielleicht eine solche, von der Sie sich heute noch keine Vorstellung machen, die sich auch in Taten ausleben wird, die sich vor allen Dingen ausleben wird in der Tendenz, Initiationswissenschaft ganz unmöglich zu machen.[106]

Aber auch die Londoner Aufenthalte und Vorträge, bis hin zum November 1922, standen nicht nur im Zeichen der Krise und weltgeschichtlichen Gefahr, sondern auch des lichten Aufbruchs zu etwas anderem. Hier, in London, hielt Rudolf Steiner am 16. April – dem Ostersonntag – und am 12. November 1922 zwei esoterische Stunden, in demselben Raum, in dem er, neun Jahre zuvor, seine großen Michaels-Darstellungen vom 1. und 2. Mai 1913 entwickelt hatte.[107] Es ging, Steiners Notizbucheintragungen zufolge, am Ostersonntag des Jahres 1922 u.a.

um die ersten, urchristlichen Jahrhunderte und den (ahrimanischen) Einschlag des vierten, mit dem sich Steiner in vielen Vorträgen des Jahres 1921 auseinandergesetzt hatte.[108] «Dann der abendländische Sinn so gelenkt, / dass den Sinn der Menschengedanken Ahrim. / in Empfang nimmt – wenn der Mensch / schläft – / Dadurch wird alles in die Instincte geleitet – / es wird Streit um des Streites willen / Erforschen des Chr. Willens, um ihn zu / verwirklichen.»[109] Steiner wollte in London am 16. April 1922 über die Schule von Gondishapur und die Entwicklung der ahrimanischen Impulse in der Zivilisation sprechen, und er tat es sehr wahrscheinlich auch – sowie darüber, welche Gegeninitiativen zu entfalten seien *(«Erforschen des Chr. Willens, um ihn zu / verwirklichen.»).* In seinem Notizbuch schrieb er sich für die Stunde u.a. auf:

> Die Meditation: sie entzieht sich Ahriman
> Das gewöhnliche egoistische Gebet: es geht so in den Schlaf, dass es namentlich bei Erwachsenen Ahriman nur kosmisch bekämpft, aber die Menschheit nicht von ihm befreit.[110]
> Herz: es ist das Organ, das im / Menschen während des Erdenlebens / das Ich belebt
> Im Schlafe: das Organ des Ich[111]

Seine Londoner Ostersonntag-Stunde beendete Rudolf Steiner mit dem Sprechen von Mantren, die in der späteren Ersten Klasse der Freien Hochschule als erste und dritte «Tafel» wiederkehren sollten («O Mensch, erkenne dich selbst ...»; «Ich trat in diese Sinnes-Welt ...»). Die Hörer der Stunden durften diese Sprüche von der Tafel abschreiben und behalten. Auch ein anderes Mantram erklang dort sehr wahrscheinlich, das Steiner ebenfalls in seinem Notizbuch festhielt:

Spiegel der Welt
Er liegt in mir
Gedankenkraft
Erfasst seine Bilder
Hinter ihm liegt
Die junge Seele
Sie verbrennt den Stoff
Und lernt im Brennen
Das Wesen der Welt –
Ihm verwebt sie
Des Kosmos Bildekräfte
Zum Menschen Aetherwesen
Das bildet das Haupt[112]

Über die esoterische Stunde vom 12. November 1922 in London ist sehr viel weniger bekannt – lediglich knappe Gedächtnisaufzeichnungen einer Teilnehmerin (Camilla Wandrey) erhielten sich. In ihnen ist von der Abhängigkeit des religiösen Bewusstseins vom physischen Leib des Menschen die Rede sowie seines moralischen Wesens vom Ätherleib und Weltenäther, dessen «Urquell» im Sonnenlicht liege. Nächtlich versuche Ahriman auf den ätherischen Leib des Menschen zuzugreifen.

Sechs Wochen später, am 26. Dezember 1922, kurz vor der Brandzerstörung des Goetheanum, sollte Rudolf Steiner in Dornach für Edith Maryon die Worte aufschreiben:

Als der Mensch erfand wie die Welt
In Atome endlos zerstiebt,
Verband sich sein Erkennen
Mit dem Tode der Natur;
Er soll nun streben in dem Geiste
Zu finden, was Zerstiebtes überwindet,

Und er wird sein Erkennen
Richten nach dem Werden der Welt.[113]

Dies war zugleich auch sein Programm für den «Baugedanken von Dornach» in ideeller, spiritueller und ethisch-moralischer Hinsicht: das Orientieren, ja «Richten» der menschlichen Erkenntnistätigkeit *«nach dem Werden der Welt»*.

*

Anmerkungen

1 Simone Weil: *Schwerkraft und Gnade*. Hg. Charlotte Bohn. Berlin 2021, S. 189.

2 Aus einer Meditation Rudolf Steiners für Ita Wegman. Vgl. Rudolf Steiner: *Briefe und Meditationen für Ita Wegman. Zur Rehabilitierung Ita Wegmans. Band 1.* Arlesheim 2018, S. 54 f.

3 – deren Ankündigung erfolgt im kostenlosen Newsletter der Allgemeinen Anthroposophischen Sektion, Bezug über das Sekretariat der Sektion (nicolas.criblez@goetheanum.ch).

4 Vgl. https://allgemeine-sektion.goetheanum.ch/de (Rubrik «Aufzeichnungen»).

5 Ankündigung ebenso per Newsletter (vgl. Anm. 3) in englischer Sprache.

6 Vgl. insbesondere Peter Selg: *Der Untergang des Abendlandes. Rudolf Steiners Auseinandersetzung mit Oswald Spengler*. Dornach und Arlesheim 2020; *Die Eröffnung des Goetheanum und die Diffamierung der Anthroposophie*. Dornach und Arlesheim 2021; *Geistiges Überleben. Der Abgrund des Materialismus und die Aufgabe der Anthroposophie*. Dornach 2021; *Anthroposophie, Religion und Kultus. Rudolf Steiners Kurs für Theologiestudenten*. Stuttgart, Juni 1921. Dornach 2021; *«Von der Weltlage der Gegenwart und der Gestaltung neuer Hoffnungen». Ursprung und Intention von «Das Goetheanum. Internationale Wochenschrift für Anthroposophie und Dreigliederung»*. Dornach 2021 (zusammen mit Rudi Bind).

7 Vgl. Rudolf Steiner: *Alte und neue Einweihungsmethoden. Drama und Dichtung im Bewusstseins-Umschwung der Neuzeit.* GA 210. Dornach [2]2001, S. 9 ff.

8 Wie seine Korrespondenz mit Wolfgang Wachsmuth ausweist, arbeitete Rudolf Steiner 1922 an einer separaten Neuherausgabe seiner Einleitungen zu Goethes naturwissenschaftlichen Schriften und des Buches *Das Christentum als mystische Tatsache* (Briefe vom 7.11., 8.11., 9.11., 10.11. und 11.11.1922 mit bearbeiteten Korrekturfahnen. Rudolf Steiner Archiv, Dornach [RStA]).

9 Verschiedene seiner Artikel verfasste Steiner auf seinen Reisen und sandte sie per Post an den Redakteur der Wochenschrift Albert Steffen in Dornach, so unter anderem seine «West-Ost-Aphorismen», deren erster Teil am 18. Juni 1921 in der Wochenschrift erschien (Brief aus Wien vom 12. Juni – «Die Aphorismen sende ich nun endlich ab.»); seine drei Rezensions-Aufsätze zum zweiten Band von Spenglers «Untergang des Abendlandes» schrieb Steiner in England (London und Oxford; Briefe an Albert Steffen vom 13. August [London], 21. August [Oxford] und 27. August [London]. Auch das korrigierte Autoreferat seines zehnten Vortrages über «Philosophie, Kosmologie und Religion» (französischer Kurs) sandte Steiner am 13. November 1922 aus London an Albert Steffen, der es in der Ausgabe vom 19. November publiziert (RStA).

10 Vgl. hierzu im Einzelnen *Archivmagazin. Beiträge aus dem Rudolf Steiner Archiv.* Nr. 8, Dezember 2018, «Schwerpunkt: Die Wolff & Sachs-Vortragstourneen 1922 und der Zwischenfall in München».

11 Vgl. Rudolf Steiner: *Das Wesen der Anthroposophie.* GA 80a.

12 Neben bürokratischen Hindernissen (Einreise- und Aufenthaltserlaubnisse) gab es mitunter auch Reiseschwierigkeiten, vgl. z.B. David M. Hoffmann, Albert Vinzens, Nana Badenberg, Stephan Widmer: *Rudolf*

Steiner 1861–1925. Eine Bildbiografie. Basel 2021, S. 381.

13 Vgl. Anm. 11.

14 Rudolf Steiner: *Die Anthroposophie und ihre Gegner 1919–1921.* GA 255b. Dornach [1]2003, S. 216.

15 Rudolf Steiner / Marie Steiner-von Sivers: *Briefwechsel und Dokumente 1901–1925.* GA 262. Dornach [2]2002, S. 328.

16 Annemarie Dubach-Donath: *Die Kunst der Eurythmie – Erinnerungen.* Dornach 1983, S. 124.

17 Christoph Lindenberg: *Rudolf Steiner. Eine Chronik. 1861–1925.* Stuttgart 1988, S. 475.

18 Vgl. «Die Konferenz von Genua, eine ‹Notwendigkeit›. In: Rudolf Steiner: *Der Goetheanumgedanke inmitten der Kulturkrisis der Gegenwart. Gesammelte Aufsätze aus der Wochenschrift «Das Goetheanum» 1921–1925.* GA 36. Dornach [1]1961, S. 56–59. – Ende November 1922 besprach Rudolf Steiner an verschiedenen Tagen in Stuttgart mit Eliza von Moltke ihre Herausgabe des Buches *Helmut von Moltke, Erinnerungen, Briefe, Dokumente 1877–1916*, das kurz darauf in Stuttgart erschien (vgl. Rudolf Steiner / Marie Steiner-von Sivers: *Briefwechsel und Dokumente 1901–1925.* GA 262, S. 331). Insbesondere drehten sich die Besprechungen um Eliza von Moltkes Vorwort – nach der langen Problemgeschichte der von Steiner 1919 vorbereiteten Publikation *Die «Schuld am Kriege». Betrachtungen und Erinnerungen des Generalstabschef H. v. Moltke*, die nach Einsprüchen hoher Militärs und der Familie von Moltke wieder zurückgezogen worden war (vgl. a. Peter Selg: *«Von der Weltlage der Gegenwart und der Gestaltung neuer Hoffnungen». Ursprung und Intention von «Das Goetheanum. Internationale Wochenschrift für Anthroposophie und Dreigliederung».* Dornach 2021, S. 32–47). Rudolf Steiner sah es offenbar nicht mehr für sinnvoll an, dass er selbst im Kontext des Vorworts

genannt wurde – was Eliza von Moltke wollte –, weil er die innenpolitisch-gesellschaftliche Situation im Hinblick auf die Anthroposophie für aussichtslos erachtete, die Publikation Eliza von Moltkes dadurch von vornherein in ein schiefes Licht geriet und keinerlei positiven Effekt mehr ausüben konnte.

19 Vgl. Rudolf Steiner: *Erneuerungs-Impulse für Kultur und Wissenschaft. Berliner Hochschulkurs.* GA 81. Dornach [1]1994, S. 193 ff. (Faksimile des Programms).

20 Vgl. einige ausgewählte Pressestimmen in Rudolf Steiner: *Das Wesen der Anthroposophie.* GA 80a. Dornach 2019, S. 570 ff. Die sehr wahrscheinlich wichtigste der negativen Besprechungen – nicht in GA 80a verzeichnet – veröffentlichte im Mai 1922 der bedeutende Berliner Neurologe, Phänomenologe und Anthropologe Erwin W. Straus (1891–1975; vgl. u.a. seine herausragende Schrift *Vom Sinn der Sinne,* Berlin [1]1935) in der «Klinischen Wochenschrift». Unter der Überschrift «Anthroposophie und Naturwissenschaft» kritisierte Straus, damals noch Assistent an der Berliner Charité, unter anderem den von ihm gehörten Vortrag Friedrich Husemanns über ein neues Verständnis und eine neue Therapie der Diabetes-Erkrankung. Straus konstatierte einen «Mangel an Aufbau und organischer Struktur» in der Lehre der Anthroposophie: «Da gibt es kein Fortschreiten von Bewiesenem zum Unbewiesenen, von Sicherem zum Möglichen, vom Einsichtigen zum Abgeleiteten, kunterbunt ist alles durcheinander gemischt und jeder Satz bedeutet recht eigentlich einen neuen Anfang.» Die Anthroposophie, so Straus, habe kein Anrecht darauf, von der Wissenschaft ernst genommen zu werden. «Ihr Verfahren, jeden beliebigen Einfall, wie er sich dem Nachdenken gerade bietet, ungeprüft anzunehmen und selbst Widersinniges zu einer höheren Einheit zu stempeln, die durch Intuition und Hellsehen gewonnen sei, schließen es aus, dass von dieser Seite der

Forschung irgendeine Anregung oder Förderung zu teil werden könne.» (In: *Klinische Wochenschrift*, Nr. 19, 1922, S. 958–960.)

21 Zur Chronik und Atmosphäre des Jahres 1922, insbesondere in Deutschland, vgl. Antonia Meiners: *Chronik 1922*. Dortmund 1989.

22 Vgl. Rudolf Steiner: *Die Anthroposophie und ihre Gegner 1919–1921*. GA 255b. Dornach [1]2003, und Peter Selg: *Die Eröffnung des Goetheanum und die Diffamierung der Anthroposophie*. Dornach und Arlesheim 2021.

23 Vgl. Rudolf Steiner: *Die gesunde Entwicklung des Menschenwesens. Eine Einführung in die anthroposophische Pädagogik und Didaktik*. GA 303. Dornach [4]1987, S. 325 f.

24 Vgl. hierzu Peter Selg: *Jesus oder Christus. Öffentliche Anthroposophie. Rudolf Steiners Vortragsreisen nach Holland und Norwegen (1921)*. Arlesheim 2022. Im August 1922 wurde in Oxford im Kontext des dortigen pädagogischen Kongresses (s. den weiteren Text) der Versuch gemacht, zumindest eine internationale Assoziation für die Entwicklung von Waldorfschulen zu begründen.

25 Rudolf Steiner: *Die gesunde Entwicklung des Menschenwesens. Eine Einführung in die anthroposophische Pädagogik und Didaktik*. GA 303, S. 330.

26 Vgl. hierzu Steiners Kommentare des Jahres 1921, in: Peter Selg: *Geistiges Überleben. Der Abgrund des Materialismus und die Aufgabe der Anthroposophie*. Dornach 2021, S. 57 ff.

27 Vgl. Rudolf Steiner: *Die Anthroposophie und ihre Gegner 1919–1921*. GA 255b, S. 350 ff.

28 Rudolf Steiner: *Das Sonnenmysterium und das Mysterium von Tod und Auferstehung*. GA 211. Dornach [3]2006, S. 196.

29 Ebd., S. 197.

30 Vgl. diesbezüglich u.a. Steiners Dornacher Vortragskurse *Menschenwerden, Weltenseele und Weltengeist –*

Erster Teil: Der Mensch als leiblich-seelische Wesenheit in seinem Verhältnis zu Welt. GA 205; *Menschenwerden, Weltenseele und Weltengeist – Zweiter Teil: Der Mensch als geistiges Wesen im historischen Werdegang.* GA 206; *Anthroposophie als Kosmosophie – Erster Teil: Wesenszüge des Menschen im irdischen und kosmischen Bereich; Anthroposophie als Kosmosophie – Zweiter Teil: Die Gestaltung des Menschen als Ergebnis kosmischer Wirkungen.* GA 208.

31 Vgl. a. die entsprechenden Eindrücke Marie Steiners; bereits im Januar 1921 schrieb sie an Johanna Mücke nach Berlin: «Mit dem Doktor kann ich überhaupt kaum mehr ein Wort sprechen, er wird buchstäblich zerrissen.» (In: Hella Wiesberger: *Marie Steiner-von-Sivers. Ein Leben für die Anthroposophie.* Dornach 1989, S. 274.)

32 Ita Wegman Archiv, Arlesheim.

33 In: *Was in der Anthroposophischen Gesellschaft vorgeht. Nachrichten für deren Mitglieder* 1934, S. 164. Zit. n. Christoph Lindenberg: *Rudolf Steiner. Eine Chronik. 1861–1925,* S. 499. In einem wichtigen Brief vom 18. Juli 1922 an Walter Schwagenscheidt, der ihm seine Ausarbeitung «Raumstadt» mit Zeichnungen zugesandt hatte, beschrieb Steiner noch andere bauliche Sorgen in Dornach. Sein Baugedanke für München sei, so Steiner, zu schnell auf den Dornacher Hügel übertragen worden, ohne hinreichende Anpassung an die Landschaftsverhältnisse. Dann seien die «Spezialideen» und «Spezialbedürfnisse» der Menschen, die Nebenbauten errichten wollten (und tatsächlich auch errichteten), erschwerend hinzugekommen; die Nebenbauten seien unzulänglich – oder gar nicht – aus dem Baugedanken des Hauptbaues herausentwickelt worden etc. Der gemeinsame «soziale Wille» habe gefehlt. RStA.

34 IWA.

35 Rudolf Steiner / Edith Maryon: *Briefwechsel. Briefe – Sprüche – Skizzen, 1912–1924*: GA 263a. Dornach [1]1990, S. 102 f.

36 Vgl. Peter Selg: *Geistiges Überleben. Der Abgrund des Materialismus und die Aufgabe der Anthroposophie,* S. 51 ff.

37 Vgl. Peter Selg: *Mensch und Mistel. Die Begründung der onkologischen Viscum-Behandlung durch Rudolf Steiner und Ita Wegman. Band 1: 1917–1925.* Berlin 2016, S. 240 ff. – Auch das von Steiner seit 1920 von den Stuttgarter Ärzten erbetene Arzeimittel-«Vademecum» der Anthroposophischen Medizin war 1922 noch immer nicht geschrieben; am 10. Mai 1922 lud Ita Wegman Friedrich Husemann dazu ein, sich dieser Arbeit evtl. in Arlesheim zu widmen, und schrieb ihm: «Wie Sie wissen, besteht Herr Dr. Steiner darauf, dass so bald als nur möglich eine Art Vademecum für die ganzen Heilmittel gemacht würde. Wir würden Ihnen nun gerne folgenden Vorschlag machen: ginge es nicht, dass Sie bald nach dem Wiener Kongress hierher kämen. Sie könnten ein Zimmer in unserem neuerworbenen Landgut in der Nähe der Klinik haben und könnten selbstverständlich frei verpflegt werden. So hätten Sie vielleicht in aller Ruhe die Möglichkeit zu arbeiten, sich mit uns zu besprechen und auch Herr Dr. Steiner könnte von Zeit zu Zeit befragt werden, würde sicher sehr gerne mithelfen, wenn man ihn um Rat fragte. Dabei wäre vielleicht auch gleichzeitig die Möglichkeit für Sie, sich in Schweizer Luft, bei Schweizer Kost zu erholen und Ihre Ferien vielleicht in dieser Weise einrichten. Wir machen Ihnen diesen Vorschlag schon jetzt, damit Sie sich ev. Ihre Pläne in diesem Sinne einrichten.» (IWA) Der Aufenthalt Husemanns in Arlesheim und das «Vademecum» kamen in der Folge nicht zustande.

38 Rudolf Steiner / Marie Steiner-von Sivers: *Briefwechsel und Dokumente 1901–1925*. GA 262, S. 331.

39 «Dr. *Friedrich Husemann* sprach über das medizinische Gebiet. ‹Neue Wege zu einer rationellen Therapie› war sein Thema. Die Anregungen, die von der Anthroposophie für die Heilwissenschaft kommen können, erfordern, um vor der Wissenschaft bestehen zu können, den engsten Anschluss an die bestehenden medizinischen Lehrmeinungen. Man könnte diesen beweisen, dass sie sich nur selbst verstehen und sich bis zu ihren Konsequenzen bringen, wenn sie nach der anthroposophischen Ergänzung ausschauen. Nach dieser Richtung zu wirken, ist unter den gegenwärtigen Verhältnissen nicht schwierig. Es ist auch der Sache nach in der Medizin nicht so schwierig wie z. B. in der Pädagogik. Denn die Lehren, die man von der Krankheit erhält, kann man nicht so leicht von der Entwicklung des mehr oder weniger gesunden Menschen haben. Die Krankheit spricht eine deutliche Sprache. Man braucht nur spärliche Anregungen von Seiten der schauenden Erkenntnis, um sich an den deutlich sprechenden Symptomenkomplexen gewissenhaft bis zu dem Punkte durchzuarbeiten, wo die Pathologie und die Therapie zur rationellen medizinischen Kunst zusammenfließen. Ausnutzung der gediegenen wissenschaftlichen Bildung, Umsicht in der Krankenbeobachtung werden zum Ziele führen. Bisher höre ich aus öffentlichen Vorträgen auf diesem Gebiete nur die Problemstellungen. Auch hier wird zur Geltung kommen müssen: Anthroposophie will nicht Theorie, sondern Lebenspraxis. Ein *einzelner* Fall nach Anfang und Ende sachgemäß charakterisiert, spräche mehr als alle theoretischen Auseinandersetzungen. Die Theorie ist an und für sich nichts nütze als insofern sie uns an den Zusammenhang der Erscheinungen glauben lässt. Das kann man bei Goethe lernen.» (Rudolf Steiner: *Damit der Mensch ganz Mensch werde. Die Bedeutung der Anthroposophie im Geistesleben der Gegenwart. Haager Hochschulkurs.* GA 82. Dornach [2]1994, S. 248 f.)

40 Vgl. Peter Selg: *Menschen-Weihehandlung. Rudolf Steiner und die Priestergemeinschaft der christlichen Erneuerung.* Arlesheim 2016, S. 48 ff.

41 Rudolf Steiner: *Konferenzen mit den Lehrern der Freien Waldorfschule 1921–1923.* GA 300b. Dornach [1]1975, S. 199.

42 Zit. n. Christoph Lindenberg: *Rudolf Steiner. Eine Chronik. 1861–1925*, S. 500.

43 Lilly Kolisko: *Eugen Kolisko – ein Lebensbild.* Crailsheim o. D. (1961), S. 68.

44 Ita Wegman: Erinnerungsnotizen für eine Ansprache. Zit. n. J. E. Zeylmans van Emmichoven: *Wer war Ita Wegman. Eine Dokumentation. Band 1. 1876 bis 1925.* Heidelberg [1]1990, S. 121.

45 *Die gesunde Entwicklung des Menschenwesens. Eine Einführung in die anthroposophische Pädagogik und Didaktik (1921–1922).* GA 303, S. 8.

46 Zu Millicent Mackenzie (1863–1942) vgl. u. a. https://en.wikipedia.org/wiki/Millicent_Mackenzie. – Gegenüber Rudolf Steiner erwähnte Edith Maryon Mackenzie erstmals 1913 in einem Brief, in dem es um eine mögliche Antwort auf einen kritischen Artikel gegen Steiner und/oder die Anthroposophie in einer englischen Zeitschrift ging («Church Times»). Maryon empfahl Mackenzie, die – wie auch ihr Mann, ein Professor für Philosophie an der Universität Cardiff/Wales – Mitglied der Anthroposophischen Gesellschaft sei («die geeignetste Person, die mir eingefallen ist»; vgl. Rudolf Steiner / Edith Maryon: *Briefwechsel. Briefe – Sprüche – Skizzen, 1912–1924*: GA 263a. Dornach [1]1990, S. 17). Über Mackenzies Engagement für den Lehrerkurs an der Jahreswende 1921/22 («Weihnachtskurs») schrieb Maryon, die häufig mit Mackenzie korrespondierte, Steiner bereits am 12. September 1921 («Mrs. Mackenzie schreibt mir, sie bereitet ihre Pläne vor für den Lehrerkursus zu Weihnachten. Wurde etwas gesagt oder getan in Stuttgart in

dieser Beziehung? Ich bin sehr gespannt, ob es diesmal gelingen wird, größeres Interesse für die Sache aufzubringen, etwas Hoffnung habe ich schon, dass dadurch einige geeignete Mithelfer gefunden werden könnten, wir haben sie so dringend nötig; wenn wir *sie* dann hätten, könnten die Dinge so wie ein Schneeball wachsen und sich ausbreiten.» Ebd., S. 71). Auch an der Vorbereitung von Steiners Vorträgen in Stratford-upon-Avon im April 1922 war Mackenzie beteiligt (am 23. Februar 1922 schrieb ihr Rudolf Steiner u.a., er sei mit ihren Vorschlägen zu den Themen und Zeiten seiner dortigen Beiträge «selbstverständlich einverstanden»; RStA). Die Idee eines pädagogischen Kurses 1922 in England, der schließlich im August in Oxford stattfand, äußerte Mackenzie über Maryon bereits im November 1921, in der Vorbereitung des Weihnachtskurses für Lehrerinnen und Lehrer, und hatte mit ihrem Bestreben zu tun, einflussreiche Pädagogen und politisch Verantwortliche in England auf Steiners Waldorfschul-Initiative aufmerksam zu machen («Zwei von den wichtigsten Männern unter den Leuten, die Mrs. Mackenzie mitbringen wollte, haben zu viel Arbeit zu Weihnachten und können deshalb dann nicht kommen, kommen aber später. Wäre es möglich, einen anderen Kursus an Ostern oder Pfingsten zu halten?» Edith Maryon an Rudolf Steiner, ca. 26.11.1922. In: Rudolf Steiner / Edith Maryon: *Briefwechsel. Briefe – Sprüche – Skizzen, 1912–1924*: GA 263a, S. 76).

47 Dem Titel der Konferenz hatte Rudolf Steiner in einem Brief an Edith Maryon vom 31. Januar 1922 zugestimmt; er stammt wahrscheinlich von Millicent Mackenzie und war Steiner von Maryon neben drei anderen am 19. Januar vorgeschlagen worden («Bezüglich des Vortragstitels scheint mir am besten: Spirituelle Werte in der Erziehung. Doch ist mir jeder andre auch recht. Besonders auch Erziehung als ein Welt-

problem.» Rudolf Steiner / Edith Maryon: *Briefwechsel. Briefe – Sprüche – Skizzen, 1912–1924*: GA 263a, S. 86).

48 «Einladung Rudolf Steiners nach Oxford». In: *Das Goetheanum. Wochenschrift für Anthroposophie und Dreigliederung.* 1. Jg., Nr. 49, 16.7.1922, S. 394.

49 RStA.

50 Zum Programm der Veranstaltung im Manchester College vgl. David M. Hoffmann, Albert Vinzens, Nana Badenberg, Stephan Widmer: *Rudolf Steiner 1861–1925. Eine Bildbiografie.* Basel 2021, S. 394.

51 «Es war eine wahrhaft kosmopolitische Zusammenkunft», betonte die pädagogische Fachzeitschrift «The Schoolmasters» am 25. August 1922. «Zwanzig Nationen waren vertreten. Direktor Jacks stellte den Teilnehmern Dr. Steiner als die zentrale Persönlichkeit der Konferenz vor. [...] Die Oxforder Konferenz über geistige Werte wird für die Erziehung gewiss eines der wichtigsten Ereignisse des Jahres sein. Der Präsident der Konferenz, Mr. H. A. Fisher, war zwar abwesend, aber außer dieser gleichsam päpstlichen Ausnahme, war hier die ganze Hierarchie des Erziehungswesens reich vertreten. Die meisten waren Lehrer, Direktoren von Erziehungsinstituten, Professoren der verschiedensten Fachzweige, Assistenten.» (In: Rudolf Steiner: *Die geistig-seelischen Grundkräfte der Erziehungskunst. Spirituelle Werte in Erziehung und sozialem Leben.* GA 305. Dornach [3]1991, S. 260; positive Berichte über die Konferenz erschienen u. a. auch im «Manchester Guardian», in den «Daily News», in «The Nation» und in «Oxford Times»). Am 31. August 1921 dankte Rudolf Steiner aus London dem englischen Unterrichtsminister H. A. L. [Herbert Albert Laurens] Fisher für die Eröffnung der Oxforder Konferenz mit seinem gewichtigen Grußwort – «Dies wird einen Impuls geben für die Kraft, mit der die Idee dieses Congresses verwirklicht werden kann.» RStA.

52 Vgl. Peter Selg: *Die Eröffnung des Goetheanum und die Diffamierung der Anthroposophie.* Dornach und Arlesheim 2021, S. 101 ff.

53 Herbert Hahn: *Rudolf Steiner wie ich ihn sah und erlebte.* Stuttgart 1961, S. 106.

54 Rudolf Steiner: *Westliche und Östliche Weltgegensätzlichkeit. Wege zu ihrer Verständigung durch Anthroposophie.* GA 83. Dornach [3]1981, S. 358.

55 Guenther Wachsmuth: *Rudolf Steiners Erdenleben und Wirken.* Dornach [2]1951, S. 473 f.

56 Marie Steiner: «Rudolf Steiner und Österreich». In: *Die Anthroposophie Rudolf Steiners. Gesammelte Schriften I.* Dornach 1967, S. 59.

57 Rudolf Steiner: *Westliche und Östliche Weltgegensätzlichkeit. Wege zu ihrer Verständigung durch Anthroposophie.* GA 83, S. 88.

58 Guenther Wachsmuth: *Rudolf Steiners Erdenleben und Wirken*, S. 479.

59 Ebd., S. 478.

60 Ebd., S. 478 f.

61 Rudolf Steiner: *Mantrische Sprüche. Seelenübungen. Band II, 1903–1925.* GA 268. Dornach [1]1999, S. 159.

62 Zit. n. Wolfgang G. Vögele: *Der andere Rudolf Steiner.* Dornach 2005, S. 274.

63 Ebd., S. 275.

64 Vgl. https://de.wikipedia.org/wiki/Max_Hayek

65 Rudolf Steiner: *Das Sonnenmysterium und das Mysterium von Tod und Auferstehung.* GA 211, S. 211.

66 https://www.holocaust.cz/de/opferdatenbank/opfer/60611-alice-wengraf/

67 Alice Wengraf: «Rudolf Steiner als Künstler». In: *Österreichische Blätter für freies Geistesleben*, Nr. 4, 1925, S. 19.

68 28-seitiges Typoskript mit handschriftlichen Korrekturen Marie Steiner-von Sivers und Eugen Kolisko. RStA 056/III.

69 Ebd., S. 3 f.

70 Vgl. Martina Maria Sam: *Rudolf Steiner. Die Wiener Jahre. 1884–1890.* Dornach 2021, S. 136–154; zu den hoffnungsvollen Entwicklungen im «liberalen Katholizismus» zu dieser Zeit vgl. a. Rudolf Steiners Dornacher Vortrag vom 30. Mai 1920 – im Nachgang der Pfingstvorträge über die Philosophie des Thomas von Aquin (In: *Heilfaktoren für den sozialen Organismus.* GA 198. Dornach [2]1984, S. 92 f.) – und Peter Selg: *Die Eröffnung des Goetheanum und die Diffamierung der Anthroposophie,* S. 158 ff.

71 Vgl. zum Skandal um Koliskos dortigen Vortrag: Peter Selg: *Anfänge anthroposophischer Heilkunst.* Dornach 2000, S. 149 ff.

72 Vgl. Anm. 68, S. 21.

73 Ebd., S. 23.

74 Ebd., S. 26.

75 Ebd., S. 27.

76 Faksimile in Peter Selg: *Marie Steiner-von Sivers. Aufbau und Zukunft des Werkes von Rudolf Steiner.* Dornach 2006, S. 179 f.

77 Rudolf Steiner: *Der Goetheanumgedanke inmitten der Kulturkrisis der Gegenwart. Gesammelte Aufsätze aus der Wochenschrift «Das Goetheanum» 1921–1925.* GA 36, S. 332.

78 Publikation in: *Das Goetheanum. Internationale Wochenschrift für Anthroposophie und Dreigliederung.* 2. Jg., Nr. 6–9 und 11–153 (Ausgaben vom 10. September bis 19. November 1922). Nachdruck der Autoreferate in Rudolf Steiner: *Drei Schritte der Anthroposophie. Philosophie – Kosmologie – Religion.* GA 25.

79 Rudolf Steiner: *Die Philosophie, Kosmologie und Religion in der Anthroposophie.* GA 215. Dornach [2]1980, S. 180 f.

80 Rudolf Steiner: *Drei Schritte der Anthroposophie. Phi-*

losophie – Kosmologie – Religion. GA 25. Dornach [4]1999, S. 88.

81 Rudolf Steiner: *Das Sonnenmysterium und das Mysterium von Tod und Auferstehung.* GA 211, S. 177.

82 Rudolf Steiner / Edith Maryon: *Briefwechsel. Briefe – Sprüche – Skizzen, 1912–1924*: GA 263a, S. 84.

83 Emil Bock: «Vom Aufbau der Karma-Vorträge». In: *Rudolf Steiner. Studien zu seinem Lebensgang und Lebenswerk,* Stuttgart 1961, S. 245.

84 Vgl. Peter Selg: *Menschen-Weihehandlung. Rudolf Steiner und die Priestergemeinschaft der christlichen Erneuerung.* Arlesheim 2016.

85 Rudolf Steiner: *Vorträge und Kurse über christlich-religiöses Wirken, III. Vorträge über die Begründung der Christengemeinschaft.* GA 344. Dornach [1]1994, S. 116.

86 Ebd., S. 58.

87 Rudolf Steiner: *Der Goetheanumgedanke inmitten der Kulturkrisis der Gegenwart. Gesammelte Aufsätze aus der Wochenschrift «Das Goetheanum» 1921–1925.* GA 36, S. 332.

88 Jacob und Wilhelm Grimm: *Deutsches Wörterbuch.* Band 5. Leipzig 1873, Spalte 2332.

89 Rudolf Steiner: «Meine holländische und englische Reise». In: *Das Goetheanum. Internationale Wochenschrift für Anthroposophie und Dreigliederung.* 1. Jg., Nr. 40, 14.5.1922, S. 319.

90 Rudolf Steiner: *Damit der Mensch ganz Mensch werde. Die Bedeutung der Anthroposophie im Geistesleben der Gegenwart. Haager Hochschulkurs.* GA 82. Dornach [2]1994, S. 243.

91 Ebd., S. 246.

92 Ebd., S. 247.

93 Ebd., S. 250.

94 Vgl. Erika Beltle, Kurt Vierl (Hg.): *Erinnerungen an Rudolf Steiner.* Stuttgart [1]1979, S. 36. Vgl. a. Emil Bocks Brief an Albert Schweitzer vom 3. August 1951. In:

Emil Bock: *Briefe.* Hg. Gundhild Kačer-Bock. Stuttgart 1968, S. 327f.

95 Zur Korrespondenz mit Marie Steiner-von Sivers im Lauf des Jahres 1922, die Steiner auf vielen Reisen begleitete, vgl. Rudolf Steiner / Marie Steiner-von Sivers: *Briefwechsel und Dokumente 1901–1925.* GA 262. Dornach [2]2002, S. 323–334.

96 Rudolf Steiner / Edith Maryon: *Briefwechsel. Briefe – Sprüche – Skizzen, 1912–1924.* GA 263a, S. 101.

97 Ebd., S. 92.

98 Ebd., S. 95.

99 Ebd. Faksimile in David M. Hoffmann, Albert Vinzens, Nana Badenberg, Stephan Widmer: *Rudolf Steiner 1861–1925. Eine Bildbiografie*, S. 389. – Marie Steiner-von Sivers schrieb Rudolf Steiner sieben Tage später, am 22. Mai «Diese Reise ist mörderisch» und betonte dreimal «Wärest Du nur schon hier [in Dornach].» (Rudolf Steiner / Marie Steiner-von Sivers: *Briefwechsel und Dokumente 1901–1925.* GA 262, S. 328f.).

100 In: Peter Selg: *Edith Maryon, Rudolf Steiner und die Dornacher Christus-Plastik.* Dornach [2]2018, S. 157 (Faksimile).

101 Rudolf Steiner / Edith Maryon: *Briefwechsel. Briefe – Sprüche – Skizzen, 1912–1924*: GA 263a, S. 115.

102 Ebd., S. 116.

103 Rudolf Steiner: *Geisteswissenschaftliche Behandlung sozialer und pädagogischer Fragen.* GA 192. Dornach [2]1991, S. 171.

104 Rudolf Steiner: *Das Sonnenmysterium und das Mysterium von Tod und Auferstehung.* GA 211, S. 192.

105 Ebd., S. 193.

106 Rudolf Steiner: *Das Geheimnis der Trinität. Der Mensch und sein Verhältnis zur Geistwelt im Wandel der Zeiten.* GA 214. Dornach [3]1999, S. 194.

107 In: Rudolf Steiner: *Vorstufen zum Mysterium von Golgatha.* GA 152.

108 Vgl. Rudolf Steiner: *Perspektiven der Menschheitsentwicklung. Der materialistische Erkenntnisimpuls und die Aufgabe der Anthroposophie*. GA 204 – und *Geistiges Überleben. Der Abgrund des Materialismus und die Aufgabe der Anthroposophie*. Dornach 2021.

109 Rudolf Steiner: *Aus den Inhalten der esoterischen Stunden. Band III: 1913 und 1914; 1920–1923*. GA 266c. Dornach [1]1998, S. 372.

110 Ebd., S. 380.

111 Ebd., S. 378.

112 Ebd., S. 370f.

113 Rudolf Steiner: *Wahrspruchworte*. GA 40. Dornach [9]2005, S. 300.

DRUCK DER
GESELLSCHAFT FÜR GRAPHISCHE INDUSTRIE
WIEN VI.

West-Ost

ZWEITER
INTERNATIONALER KONGRESS
DER ANTHROPOSOPHISCHEN
BEWEGUNG

ZUR VERSTÄNDIGUNG WESTLICHER UND
ÖSTLICHER WELTGEGENSÄTZLICHKEIT

VOM 1. BIS 12. JUNI 1922
IM MUSIKVEREINSGEBÄUDE IN WIEN

EINLADUNG

Eine Kulturspannung hat sich durch zerstörende Gegensätze zwischen West und Ost gebildet. Weder durch wirtschaftliche noch durch völkerrechtliche Maßnahmen, sondern nur durch wirklich geistige Einsicht in die Volks-Seelenkräfte kann sich der Ausgleich dieser Spannung zwischen Ost und West in einer der Menschheitsentwicklung heilsamen Art vollziehen.

Wenn in dem Konflikt zwischen Japan, dem äußersten Vorposten Asiens, und Amerika, dem Repräsentanten des Westens, Kanonen entscheiden sollten — was immer sie entscheiden — eine Kulturentscheidung wird es nicht sein. Ein solcher geistiger Ausgleich ist aber heute ein dringendes Bedürfnis der Menschheit. Die wirtschaftlich und politisch darniederliegende europäische Mitte wird vor allem berufen sein, geistige Aufgaben gegenüber der Gesamt-Menschheit der Erde der Lösung entgegenzuführen.

Durch geographische Lage und Geschichte kann Mitteleuropa berufen sein, die Gegensätze westlicher und östlicher Volksseeleneinstellung zu verstehen und in Harmonie zu bringen. Heute hat es der übrigen Welt wirtschaftlich und politisch nichts zu bieten als ein abschreckendes Beispiel. Geistig-kultureller Art sind seine Aufgaben.

Auf zweifache Art muß es sich diesen gewachsen zeigen, wenn europäische Kultur sich wieder aufbauen soll. Aus einer neuen Geistesschau kann es nach dem Osten hin dem Volksseelenleben seine großen schlummernden Sehnsuchten nach Neubelebung alter traditioneller Geistigkeit befriedigen. Dem Westen, dem für lange Zeit die wirtschaftliche Hegemonie zufällt, muß es diesen Geist entgegenhalten. Nach dem Osten muß der schlummernde Geist zu vollem Leben erweckt, nach dem Westen das geistlose Wirtschaften beseelt werden.

Das alte Österreich war der Boden, wo das nationale Problem des Ostens und das wirtschaftlich-soziale des Westens sich begegneten. Durch die dort besonders wirkenden retardierenden Kräfte konnte man zu keiner Völkerverständigung kommen. Daher bewirkte hier der Weltkrieg die Auflösung.

Anthroposophie allein kann die Brücke bauen zwischen West und Ost, die der Ungeist abgebrochen hat. Sie will mit diesem Kongreß den Versuch einer Verständigung westlicher und östlicher Weltgegensätzlichkeit hinstellen.

Das tatsächliche Zusammenleben so verschiedener Völker innerhalb des unmöglich gewordenen österreichischen Staates hat unter diesen solche Fähigkeiten entwickelt, welche geeignet sind, mitzuhelfen am kulturellen Neuaufbau im richtigen Geiste der Menschheitsevolution. Ein geistig-kultureller Menschenzusammenschluß wird durch diese speziell österreichischen Fähigkeiten befruchtet und damit vielleicht ein Verständnis aller Völker vorbereitet.

4

Mit dem I. Anthroposophischen Kongreß im September 1921 in Stuttgart hat die anthroposophische Bewegung weite Kulturausblicke auf alle Gebiete des öffentlichen Lebens von allen Gesichtspunkten aus eröffnet. Dieser Kongreß war von 1700 Personen besucht.

Anthroposophie steht heute im Mittelpunkte der öffentlichen Erörterung. Besonders hat sie Positives auf allen Gebieten des wissenschaftlichen, kulturpolitischen, sozialen, künstlerischen und religiösen Lebens geleistet.

Anthroposophie ist eine Menschheitsbewegung und nur aus einer solchen, nur aus einer Erneuerung des Geisteslebens und daraus fließender Einsicht in alle Lebensgebiete kann die Neugestaltung der Welt sich vollziehen.

WIEN, im Februar 1922.

ANTHROPOSOPHISCHE GESELLSCHAFT

BUND FÜR DREIGLIEDERUNG
DES SOZIALEN ORGANISMUS

BUND FÜR
ANTHROPOSOPHISCHE HOCHSCHULARBEIT

5

ZWEI VORTRAGS-ZYKLEN DR. RUDOLF STEINER:

BEGINN PUNKT HALB 9 UHR ABENDS

ANTHROPOSOPHIE UND WISSENSCHAFTEN

Donnerstag, 1. Juni: *I. Anthroposophie und Naturwissenschaft.*

Freitag, 2. Juni: *II. Anthroposophie und Psychologie.*

Samstag, 3. Juni: *III. Anthroposophie und Weltorientierung (Ost-West in der Geschichte).*

Pfingstsonntag, 4. Juni: *IV. Anthroposophie und Weltentwickelung (vom geographischen Standpunkt).*

Pfingstmontag, 5. Juni: *V. Anthroposophie und Kosmologie.*

ANTHROPOSOPHIE UND SOZIOLOGIE

Mittwoch, 7. Juni: *I. Die Zeit und ihre sozialen Forderungen.*

Donnerstag, 8. Juni: *II. Die Zeit und ihre soziale Gestaltung (atlantische und pazifische Kultur).*

Freitag, 9. Juni: *III. Die Zeit und ihre sozialen Mängel (Asien-Europa).*

Samstag, 10. Juni: *IV. Die Zeit und ihre sozialen Hoffnungen (Europa-Amerika).*

Sonntag, 11. Juni: *V. Die Kernpunkte der sozialen Frage.*

SCHLUSSVORTRAG

Montag, 12. Juni: *Der Baugedanke von Dornach* (mit Lichtbildern).

6

Donnerstag, den 1. Juni 1922, vormittags halb 11 Uhr:

BEGRÜSSUNG UND ERÖFFNUNG DES KONGRESSES

Einleitender Vortrag von ERNST UEHLI: Zeitgeist und Weltgewissen

MORGENVERANSTALTUNGEN

BEGINN PUNKT 9 UHR VORMITTAGS

(mit Ausnahme von 4. und 5. Juni: 1/2 11 Uhr vormittags)

Freitag, 2. Juni:	Dr. phil. HERBERT HAHN: Über die Spiegelung der Volksseelen in den Sprachen. Dr. phil. ERICH SCHWEBSCH: Über den Geist der westlichen Kulturen.
Samstag, 3. Juni:	Dr. phil. CAROLINE v. HEYDEBRAND: Erziehungsideale in West und Ost. Dr. phil. WALTER JOHANNES STEIN: Die freie Waldorfschule in ihrer Bedeutung für das Geistesleben unserer Zeit.
Pfingstsonntag, 4. Juni: (Beginn 1/2 11 Uhr)	Lic. Dr. FRIEDRICH RITTELMEYER: Pfingstgeist und religiöse Erneuerung.
Pfingstmontag, 5. Juni: (Beginn 1/2 11 Uhr)	ERNST UEHLI: Die anthroposophische Weltanschauung als Kunstwerk.
Dienstag, 6. Juni:	Ing. chem. WILHELM PELIKAN: Atomgespenster der Gegenwart und deren Überwindung durch reale Wesensbilder der Stoffe. Dr. med. EUGEN KOLISKO: Chemie und Anti-Chemie. Außer- und innermenschliche chemische Prozesse.

7

Mittwoch, 7. Juni:	Dr. phil. ERNST BLÜMEL: Richtlinien einer polaren Physik. Dr. HERMANN BARAVALLE: Die Umgestaltung der Wärmelehre durch Aufstellung eines neuen Temperaturbegriffes.
Donnerstag, 8. Juni:	Generaldirektor EMIL LEINHAS: Wirtschaftsmoral. Nach dem Vortrage wird eine besondere Aussprache über Wirtschaftsprobleme stattfinden, eingeleitet durch Kommerzienrat EMIL MOLT.
Freitag, 9. Juni:	Dr. med. EUGEN KOLISKO: Eine neue Physiologie des menschlichen Organismus. Dr. med. FRIEDRICH HUSEMANN: Anthroposophie und die Grundlagen einer rationellen Pathologie und Therapie.
Samstag, 10. Juni:	Dr. ing. CARL UNGER: Das Erkenntnisproblem. Dr. WALTER JOHANNES STEIN: Psycho-Analyse im Lichte anthroposophischer Menschen- und Welterkenntnis.
Montag, 12. Juni:	Dr. jur. et phil. KARL HEYER: Die Entwickelung des Rechtes in Ost, Mitte und West. Dr. phil. KARL SCHUBERT: Der dreifache Strom des geschichtlichen Werdens.

Die Vorträge am 6. und 7. Juni gehen aus vom Wissenschaftlichen Forschungsinstitut des »Kommenden Tages«.

Nach den Vormittags-Vorträgen findet täglich eine freie Aussprache statt.

8

FACHWISSENSCHAFTLICHE VERANSTALTUNGEN

Außerdem sind in der Zeit von 1/2 2 bis 1/2 4 Uhr in den Nebensälen fachwissenschaftliche Besprechungen geplant, und zwar sind als Beispiele anthroposophisch-wissenschaftlicher Methode in Aussicht genommen Besprechungen über: Chemie, Pädagogik, Medizin und Sprachwissenschaft.

Am 1., 2. und 3. Juni fachwissenschaftliche Besprechung über Chemie, geleitet von Dr. med. Eugen Kolisko und Ingenieur Wilhelm Pelikan. Leitthemata: 1. Phänomenologie einzelner chemischer Stoffe und Prozesse. 2. Die kinetischen Theorien und die Grundlagen einer hypothesenfreien Stöchiometrie. 3. Die drei Urphänomene des chemischen Prozesses.

Am 6., 7. und 8. Juni fachwissenschaftliche Besprechung über Pädagogik unter Leitung von Dr. Caroline von Heydebrand und Dr. Walter Johannes Stein. Leitthemata: 1. Anthroposophische Menschenerkenntnis als Grundlage der Pädagogik. 2. Die Bildung des Lehrers in der anthroposophischen Pädagogik. 3. Die innere Organisation der Schule und ihre Eingliederung in den Zusammenhang des öffentlichen Lebens.

Am 9., 10. und 12. Juni fachwissenschaftliche Besprechung über Medizin, für Ärzte und Medizinstudierende, geleitet von Dr. med. Friedrich Husemann, Dr. med. Ludwig Noll, Dr. med. Eugen Kolisko. Es wird eine eingehende Besprechung verschiedener Probleme der Pathologie und Therapie sowie eine Darstellung der Wirkungsweise und der Erfolge der Heilmittel der Klinisch-therapeutischen Institute in Stuttgart und Arlesheim (Schweiz) stattfinden.

Am 9., 10. und 12. Juni fachwissenschaftliche Besprechung über Sprachwissenschaft unter Leitung von Professor Dr. Hermann Beckh, Dr. Herbert Hahn und Dr. Rudolf Treichler. Leitthemata von Professor Dr. Beckh: 1. Wesen der Etymologie. 2. Polarität der Laute. 3. Das hebräische Bibelwort.

Diese Veranstaltungen wenden sich vorzüglich an diejenigen, die für diese Gebiete besonders interessiert sind. Zu den medizinischen Veranstaltungen haben nur Ärzte und Medizinstudierende Zutritt.

KÜNSTLERISCHE VERANSTALTUNGEN

BEGINN PUNKT 4 UHR NACHMITTAGS

(mit Ausnahme von 2., 6. und 9. Juni)

Donnerstag, 1. Juni:	INSTRUMENTAL-KONZERT, Klassische Musik. THOMASTIK-QUARTETT. (Deutsche Geigen.) Mitwirkend: Konzertmeister KARL BALZ, Wien.
Freitag, 2. Juni: (Beginn 3 Uhr)	ERSTE AUFFÜHRUNG EURYTHMISCHER KUNST unter Leitung von Frau MARIE STEINER (Volksoper).
Samstag, 3. Juni:	ALBERT STEFFEN: Die Stellung des Künstlers zwischen West und Ost.
Sonntag, 4. Juni:	Dr. ERICH SCHWEBSCH: Anton Bruckners musikalische Sendung.
Montag, 5. Juni:	BRUCKNER-FEIER. Unter Mitwirkung der Wiener Philharmoniker, des Bruckner-Chores unter Leitung von Professor WEBER sowie des MAIRECKER-BUXBAUM-QUARTETTS. 1. Anton Bruckner, Große Messe in F-Moll. 2. Anton Bruckner, Streichquintett. 3. Anton Bruckner, Tedeum.
Dienstag, 6. Juni: (Beginn $^1/_2$9 Uhr)	ARIEN- UND LIEDERABEND. Frau VALBORG SVARDSTRÖM-WERBECK, Hamburg und KARL RÖSSEL, Wien.
Mittwoch, 7. Juni:	DICHTUNG UND REZITATION. Frau MARIE STEINER und Dr. RUDOLF STEINER.
Freitag, 9. Juni: (Beginn 3 Uhr)	ZWEITE AUFFÜHRUNG EURYTHMISCHER KUNST unter Leitung von Frau MARIE STEINER (Volksoper).
Montag, 12. Juni:	INSTRUMENTAL-KONZERT. Moderne Musik. THOMASTIK-QUARTETT. (Deutsche Geigen.)

10

ORIENTIERUNG

Die Vorträge und Konzerte finden im großen Saal des Musikvereinsgebäudes, Wien, I., Dumbastraße, statt, die fachwissenschaftlichen Veranstaltungen sowie die Wiedergabe der Vorträge Dr. Steiners in englischer und französischer Sprache in den Nebensälen desselben Gebäudes, die Eurythmie-Aufführungen in der Wiener Volksoper, Wien, IX., Währingerstraße 78.

Im kleinen Saal wird sich befinden: Der Bücherverkauf folgender Verlage: Philosophisch-anthroposophischer Verlag, Berlin W. 30, Motzstraße 17, »Der Kommende Tag A. G.«-Verlag, Stuttgart, Champignystraße 17, Verlag am Goetheanum, Dornach.

In den anschließenden Räumen: Die Geschäftsstelle des Kongresses, die Auskunfts- und Beratungsstelle, das Verkehrs- und Paßbureau, die Poststelle, eine Ausstellung der Heilmittel der klinisch-therapeutischen Institute, das Buffet usw.

Für Kongreßteilnehmer bestimmte Postsachen mögen adressiert werden: Kongreß der Anthroposophischen Bewegung, Musikvereinsgebäude, Wien, I., Telegrammadresse: Westostkongreß Wien.

Die Leitung des Kongresses liegt in den Händen eines Vorstandes, bestehend aus den Herren: Dr. Carl Unger, Ernst Uehli, Emil Leinhas, Dr. Walter Johannes Stein, Dipl. Ing. Alexander Strakosch, Dr. Eugen Kolisko, Stuttgart, Ludwig Polzer-Hoditz, Alfred Zeißig, Wien.

EINTRITTSKARTEN

DAUERKARTE für sämtliche Vorträge und fachwissenschaftliche Veranstaltungen: Mk. 300·– für Reichsdeutsche
K 5000·– für Österreicher

KARTE für sämtliche künstlerische Veranstaltungen:
Mk. 150·– für Reichsdeutsche
K 2500·– für Österreicher

11

Ferner werden nach Maßgabe der noch vorhandenen Plätze in der Geschäftsstelle des Kongresses ABEND-KARTEN ausgegeben für diejenigen, die nur die Abendveranstaltungen (Vortragszyklen Dr. Steiners mit anschließendem Lichtbildervortrag) besuchen wollen.

Mk. 150·— für Reichsdeutsche,
K 2500·— für Österreicher.

TAGESKARTEN nach Maßgabe der Plätze nur am jeweiligen Tage bei der Kartenausgabe.

Auch für die künstlerischen Veranstaltungen wird noch ein gesonderter Kartenverkauf für jeden einzelnen Tag eingerichtet sein.

STUDENTENKARTEN

Immatrikulierte Studenten können von der Zahlung der Eintrittsgelder teilweise oder ganz befreit werden. Gesuche um solche Befreiung sind in Deutschland durch die einzelnen Ortsgruppen an die Geschäftsstelle des Bundes für Anthroposophische Hochschularbeit, Stuttgart, Champignystraße 17, zu richten. Gesuche und Anmeldungen der Studenten anderer Länder und Österreichs sind zu richten an die Geschäftsstelle des Kongresses West-Ost, Wien, VI., Köstlergasse 6/8. Letzter Termin für Gesuche 15. April.

ANMELDUNGEN

Nach den Erfahrungen des 1. Kongresses in Stuttgart 1921 können nur diejenigen mit Sicherheit auf Eintrittskarten rechnen, welche dieselben rechtzeitig vorausbestellen. Die Anmeldungen sind zu richten an die Adresse »West-Ost«, II. Internationaler Anthroposophischer Kongreß, Geschäftsstelle: Wien, VI., Köstlergasse 6/8. Der 30. April 1922 ist der letzte Anmeldungstag.

12

Ab 1. Mai lautet die Adresse der Geschäftsstelle Wien I., Musikvereinsgebäude, Wagner-Saal, Tel. 59-3-83.

Vom 30. Mai bis 2. Juni befindet sich in der Ankunftshalle des Westbahnhofes eine Auskunftsstelle des Kongresses.

Die Eintrittsgelder bitten wir einzuzahlen: In DEUTSCHLAND beim Bankhaus Der Kommende Tag Adolf Koch & Co., Stuttgart, Rotestraße 6 (Reichsbank-Girokonto oder Postscheckkonto Stuttgart Nr. 25.000 mit Vermerk »Kongreßkonto«).

In ÖSTERREICH bei der Österreichischen Kreditanstalt für Handel und Gewerbe, Wien I., auf Konto »West-Ost, II. Internationaler Anthroposophischer Kongreß« oder auf österreichisches Postsparkassenkonto Nr. 152.576 der Anthroposophischen Gesellschaft Wien.

Bis 20. Mai werden (nach Gutschrift der Einzahlung) die Eintrittskarten zugesandt. Die übrigen bestellten und bezahlten Karten können ab 30. Mai in der Geschäftsstelle des Kongresses im Musikvereinsgebäude behoben werden.

Diese Kongreßeinladung ist bei Ansuchen um Einreisebewilligung den österreichischen Konsulaten vorzuweisen.

UNTERKUNFT

Für die auswärtigen Teilnehmer wird eine größere Anzahl von Hotel- und Privatzimmern sichergestellt sein. Bei der Anmeldung wird gebeten mitzuteilen, ob für Unterkunft gesorgt werden soll.

ÜBERSICHT DER

Juni 1922		Vormittags-Vorträge	
		Zeit	Thema
Donnerstag	1.	½11	Eröffnung. Uehli
Freitag	2.	9	Hahn, Schwebsch } Sprachwissenschaft
Samstag	3.	9	Heydebrand, Stein } Pädagogik
Pfingstsonntag	4.	½11	Rittelmeyer
Pfingstmontag	5.	½11	Uehli
Dienstag	6.	9	Pelikan, Kolisko } Chemie
Mittwoch	7.	9	Blümel, Baravalle } Physik
Donnerstag	8.	9	Leinhas, Molt } Wirtschaft
Freitag	9.	9	Kolisko, Husemann } Medizin
Samstag	10.	9	Unger, Philosophie Stein, Psycho-Analyse
Sonntag	11.		
Montag	12.	9	Heyer, Recht Schubert, Geschichte

14

VERANSTALTUNGEN

Fachwissenschaftliche Veranstaltungen	Künstlerische Veranstaltungen		Abend-Vorträge
½2—½4 Uhr	Zeit	Thema	½9 Uhr abends
Chemie	4	Thomastik-Quartett	Steiner, Anthroposophie und Wissenschaften
Chemie	3	Eurythmie (Volksoper)	
Chemie	4	Steffen	
	4	Schwebsch	
	4	Bruckner-Feier	
Pädagogik			Liederabend
Pädagogik	4	Dichtung und Rezitation	Steiner, Anthroposophie und Soziologie
Pädagogik			
Philologie / Medizin	3	Eurythmie (Volksoper)	
Philologie / Medizin			
Philologie / Medizin	4	Thomastik-Quartett	Steiner, Schlußvortrag

15

Anhang

Rudolf Steiner
«Anthroposophie als ein Streben nach Durchchristung der Welt»
Vortrag Wien, 11. Juni 1922

Einige einleitende Worte muss ich der heutigen Betrachtung zuerst vorausschicken. Es wird ja für viele unserer älteren Mitglieder zum Teil eine schmerzliche Empfindung sein, dass sich innerhalb der anthroposophischen Bewegung in den letzten Jahren manches verändert hat, gewandelt hat. Ich möchte nur kurz darauf hinweisen, worinnen sich diese Verwandlung vom Gesichtspunkt eben vieler unserer älteren Mitglieder darstellt.

Vor Jahren war es so, dass wir ja in ähnlich gearteten Kreisen, die dazumal nur kleiner waren als heute, zusammengekommen sind, und dass dann gewissermaßen so gesprochen werden konnte, wie dies möglich ist, wenn vorausgesetzt werden darf, dass mit dem Grundelemente anthroposophischen Denkens und namentlich anthroposophischen Empfindens die Mitgliederzuhörerschaft vertraut ist. Ich meine damit nicht, dass dieses Vertrautsein gerade bestehen muss in bestimmten Vorstellungen oder dogmatischen Ideen, sondern dieses Vertrautsein bestand ja und besteht darinnen, dass Menschen sich hier innerhalb der anthroposophischen Bewegung zu engerem Kreise zusammenschließen, die aus ihrem Herzen heraus die Sehnsucht nach einem Hineinleben in die geistige Welt haben. Und das ist das Wesen des esoterischen Sprechens, dass man immer die Voraussetzung hat, Menschen mit solchen Sehnsuchten als Zuhörer vor sich zu haben. Auch wenn sogenannte öffentliche Vorträge in früheren Jahren gehalten worden sind, so waren sie so geordnet, dass dieser esoterische Charakter wenigstens in einem gewissen Sinne durchaus gewahrt wurde. Gewiss, öffentlich musste man in den Denk- und Sprachformen sprechen, die nun einmal diejenigen des heutigen Zeitalters sind, so wie sich dieses Zeitalter von außen darstellt, aber unsere älteren Mitglieder werden doch empfunden haben, dass auch bei den größeren Veranstaltungen es sich immer handelte um eine Fortsetzung des in esoterischen Kreisen Gepflogenen. Heute werden aber diese älteren Mitglieder, wenn sie zu unseren größeren Veranstaltungen kommen, eben mit einem gewissen Schmerz erfahren, dass, scheinbar wenigstens, eine andere Sprache gesprochen wird, als dies früher der Fall war. Was früher unmittelbar aus dem, ich möchte sagen, Esoterisch-Elementarischen heraus gesprochen worden ist, das hört man gegossen in die Formen des heutigen wissenschaftlichen Lebens. Und ich weiß es ganz gut, dass es viele unter unseren älteren Mitgliedern gibt, die sagen: Ja, wir sind ja früher auf einem viel schnelleren Weg zu den Erkenntnissen und zu den Impulsen der geistigen Welt, viel schneller und auf eine innerlich wahrere Weise in das Erleben dieser geistigen Welt hineingekommen, und uns interessiert es im Grunde genommen gar nicht, ob das, was so Herzensgut werden kann, sich nach allen Seiten in strengen Gedankengängen rechtfertigen lässt. Viele dieser älteren Mitglieder sagen: Das ist im Grunde genommen etwas, was uns weniger interessiert. Und sie empfinden es gewissermaßen als einen Verlust, dass die anthroposophische Bewegung nicht stehengeblieben ist bei der älteren Form.

Aber das hing ja nicht von der anthroposophischen Bewegung ab. Man darf schon sagen: Diese anthroposophische Bewegung, die hat, wenigstens was mich anbetrifft, niemals darauf gesehen, dasjenige, was zu sagen ist, in einer solchen Weise zu sagen, dass gewissermaßen jeder das hört, was er ohnedies schon weiß, und darin eine gewisse Popularität zu suchen. Die anthroposophische Bewegung hat dieses Ziel nie verfolgt. Sie hat immer so gesprochen, wie sie sprechen musste aus dem innersten Charakter ihres Wesens heraus. Und besonders befriedigt hat es mich immer, wenn die Leute sagten, man könne ganz gewiss der Anthroposophie nicht vorwerfen, dass sie versuche, auf die vorgefassten Empfindungen der Menschen zu rechnen, irgendwie eine unlautere Begeisterung durch Vorurteile, auf die sie spekuliert, hervorzurufen. Denn es wird eigentlich in einer viel entlegeneren Weise gesprochen, als eben in denjenigen Bewegungen gesprochen wird, die danach streben, sich irgendwie bewusst populär zu machen.

Dasjenige, was heute gekommen ist, ist eben wirklich nicht gesucht worden. Denn trotzdem ich oftmals antworten musste, wenn Menschen gekommen sind und gesagt haben: Man könnte Ihre Theorie popularisieren, sie so umschreiben, dass sie jeder versteht und sich die Leute nicht erst große Mühe geben müssten –: Das ist etwas, was ich als verderblich betrachte, denn es gehört dazu, dass man Mühe haben muss, hinter das zu kommen, was hier vertreten wird, und es ist eigentlich niemals mit meinem Willen eine solche Bewegung angestrebt worden, wie sie oftmals da angestrebt wird, wo gesucht wird, das zu sagen, was die Menschen schon wissen und wozu sie daher sehr leicht mit ihrem Herzen und ganzen Menschen hinneigen. Trotzdem aber ist die anthroposophische Bewegung in der letzten Zeit ihrer Entwickelung so gewesen, dass sie sich eigentlich rascher verbreitet hat als eine solche Bewegung sonst. Die Literatur wurde einfach aufgenommen, und man kann so schwer geschriebene

Bücher, wie die anthroposophischen es sind, sonst durchaus nicht finden, die eine so rasche Verbreitung gefunden haben wie diese. Das aber bewirkte, dass indem die Menschen unsere Literatur in die Hand bekamen, sie von ihrem Gesichtspunkte aus sie beurteilten. Wissenschaftler verglichen das, was da in die Welt gekommen war, mit dem, was sie gewohnt sind, als ihre strenge Wissenschaft anzusehen. Kein Wunder also, dass auch die Notwendigkeit auftrat, sich mit der Wissenschaft auseinanderzusetzen. Und weiter kein Wunder, dass eine größere Anzahl von Freunden, die, wissenschaftlich geschult, sich es als eine besondere Aufgabe setzten, zu zeigen, dass wirklich mit jedem Grad von Wissenschaftlichkeit heute die Anthroposophie auf allen Gebieten vor die Welt hintreten kann und als gerechtfertigt erscheinen kann. Es ist also die Wirklichkeit, die das gefordert hat. Und wenn Sie heute in wissenschaftlichen Klängen dasjenige verkünden hören, was früher in anderer Form verkündet worden ist, so ist das nicht die Schuld der anthroposophischen Bewegung, sondern ihr Schicksal. Es wurde von der Welt dieses gefordert. Wir mussten gewissermaßen die Anthroposophie vor das größere Publikum hinstellen, und das konnte nur dadurch geschehen, dass wirklich mit den führenden Persönlichkeiten die Auseinandersetzung erfolgt. Es handelt sich nicht darum, die Anthroposophie der Wissenschaft anzunähern, sondern die Wissenschaft mit Anthroposophie zu durchdringen. Und so haben wir es auf der anderen Seite zu unserer tiefsten Befriedigung zu erleben, dass fachlich geschulte Freunde gekommen sind, die nach allen Seiten hin in der Lage sind, dasjenige, was durchaus dem Keime nach schon in der Anthroposophie liegt, wissenschaftlich zu vertreten. Aber gerade dadurch hat sich in den letzten Jahren eine gewisse Kluft ergeben, die noch nicht überbrückt ist. Man kann aber nicht sagen, dass dann, wenn wir nun doch in solch engeren Kreisen zusammenkommen, das Esoterische nicht weiterlebte. Derjenige, der teilgenommen hat an unseren kleineren Versammlungen, der wird sich schon sagen: Das, was früher gelebt hat innerhalb unserer esoterischen Strömung, das lebt weiter. Namentlich derjenige, der nach Dornach kommt, wird sehen, wieviel von neuem Geistesgut zu dem alten auch in Esoterik durchaus hinzugetragen worden ist. Dennoch aber ist ein Abgrund zwischen demjenigen, was man heute draußen in der Öffentlichkeit hört, und demjenigen, was mehr im esoterischen engeren Kreis gepflegt wird. Und diese Kluft, die waren wir noch nicht imstande auszufüllen, weil uns dazu die Arbeitszeit und die Arbeitskräfte fehlen. Auf der einen Seite muss man sich widmen der Fortbildung des Esoterischen, auf der anderen Seite haben namentlich unsere jüngeren Mitarbeiter ungeheuer viel damit zu tun, auf allen Gebieten des sozialen Wissens und Lebens die anthroposophische Weltanschauung auszubauen. Doch kann dasjenige durchaus auch geleistet werden, was möglich macht, dass man die Kluft überbrückt, die da besteht zwischen dem, was innerhalb des Esoterischen gegeben werden muss, und dem, was dann ganz exoterisch einem entgegentritt in äußeren Veranstaltungen. Es ist aber notwendig, diese Kluft auszufüllen. Sie muss ausgefüllt werden, und es muss jeder empfinden können, dass zwischen dem, was rein aus der geistigen Welt heraus gesprochen ist, und dem, was im Einklang mit der äußeren Wissenschaft gelehrt wird, die Brücke gebaut werden kann, wenn nur dazu die nötige Arbeitszeit und die nötigen Arbeitskräfte innerhalb unserer Bewegung da sein werden.

Nun, das wird Ihnen ein Bild davon geben, wie ich selber die Situation innerhalb des gegenwärtigen Wirkens in der anthroposophischen Bewegung ansehen muss. Ich möchte sagen: die anthroposophische Bewegung ist uns in einer gewissen Weise über den Kopf gewachsen; aber das ist doch wiederum äußerlich, scheinbar der Fall, und es steht zu hoffen, dass aus den Kreisen unserer Freunde heraus immer mehr und mehr auch diejenigen kommen, welche die angedeutete Brücke bauen können.

Ich musste das vorausschicken, weil Ton und Sprache innerhalb des Esoterischen doch ganz verschieden sein müssen, wenigstens in den Formen, von dem, was vor die große Öffentlichkeit so hintreten muss, dass eben in diesen Formen der Zeitkultur gesprochen wird. Denn das unmittelbar Esoterische würde durchaus nicht zu den Herzen der Zeitgenossen kommen können, die doch immer wieder und wiederum als vollständige Neulinge an die Bewegung herankommen. Uns aber muss es darum zu tun sein, allen, die seit Jahrzehnten teilnehmen an dieser Bewegung, und allen denjenigen, die etwas hören wollen über das Anthroposophische, dieses auch, so gut es eben möglich ist ohne Popularität zu suchen zugänglich zu machen. Das ist etwas, was wir uns alle mehr oder weniger in unsere Herzen schreiben sollen, denn ein jeder kann im Allgemeinen auch ein solcher Mitarbeiter werden.

Wenn wir jetzt, ich möchte sagen, aus dem Exoterischen in das Esoterische eintreten, so möchte ich gerade heute etwas besprechen, was unseren übrigen Veranstaltungen außerordentlich naheliegt. Wir sind ja genötigt, heute zu sprechen davon, was äußere Wissenschaft, äußere Physik, äußere Chemie, äußere Biologie, auch äußere Seelenkunde werden können, wenn sie anthroposophisch durchdrungen werden. Dadurch allein wird die Brücke geschlagen zwischen dem, was Erkenntnis ist und dem religiösen Leben der Menschheit. Aber indem wir in dieser Weise untertauchen in das gegenwärtige Wissenschaftsleben, verlieren wir auf der anderen Seite in einem gewissen Sinn den Zusammenhang mit demjenigen, was doch geistig die Welt durchflutet und durchwallt und durchwebt. Wir müssen auch hinschauen auf die materiellen Gestaltungen des Lebens; aber in allen materiellen Gestaltungen ist zu gleicher Zeit Geistiges. Und der Mensch kann nicht ohne die Teilnahme an diesem Geistigen in den verschiedensten Gestaltungen des Lebens bestehen. Heute müssen wir begreifen, dass dieses Geistige nicht bloß aus den menschlichen Sehnsuchten heraus zur Welt sprechen will, sondern dass es etwas ist, was aus einer anderen Welt in unsere irdische Welt hereinfluten will. Begreifen müssen wir, dass überall gewissermaßen nicht von uns Menschen allein, sondern von einer sie umgebenden geistigen Welt die Fenster aufgemacht worden sind, durch welche diese andere Welt zu uns hereinfluten will. Das war noch anders im neunzehnten Jahrhundert. Es hat eine Anzahl von geistigen Mächten, die im Außerirdischen sind, den übermenschlichen Entschluss gefasst, eine Welle geistigen Lebens auf die Erde hereinfließen zu lassen. Wir müssen unsere Zeitgeschichte auch so betrachten können, dass die Menschen, wenn sie nur empfangen wollen die geistige Welt, sie heute empfangen können. So dass die Aufgabe, Geistiges zu pflegen, heute eine überirdische Aufgabe ist, eine Aufgabe, die durchaus dem geistigen Leben selber angehört. Gerade so, wie in den Menschen dunkel die Sehnsucht erwacht, hinzukommen irgendwie zum Geistigen, so kommt was auch noch im letzten Drittel des verflossenen Jahrhunderts oft nicht der Fall war dieser Sehnsucht der Menschheit, wenn sie ein wirkliches Wollen äußert, eine Offenbarung aus geistigen Welten entgegen. Wenn wir dieses Gefühl bekommen können, dann haben wir die richtige Grundstimmung gegenüber dem anthroposophischen Leben.

Aber gerade dadurch ist die Menschheit heute vor eine bedeutungsvolle Entscheidung gestellt, vor die Entscheidung, die an das Herz jedes einzelnen Menschen herandringt. Die Menschheit hat durch Jahrhunderte hindurch ihr intellektuelles Leben entwickelt. Dieses intellektuelle Leben hat sie allmählich herausgeführt aus der Geistigkeit. Der Intellekt ist Geist, ist sogar der allerreinste Geist, hat aber nicht mehr einen geistigen Inhalt, sondern sucht zu seinem Inhalt die äußere Natur, das äußere Naturdasein. So ist der Intellekt Geist, füllt sich aber mit etwas aus, was ihm nicht als Geist erscheinen kann. Das ist die große Tragik, das heutige Welttrauerspiel, dass der Mensch in sich hineinblicken kann und sich sagen muss: Indem ich intellektuell tätig bin, bin ich geistig tätig, aber zugleich ohnmächtig, das Geistige unmittelbar in diesen Geist hereinzunehmen. Ich fülle diesen Geist mit dem Naturdasein aus. Das zersplittert und verödet die menschliche Seele heute. Und wenn man diese Zersplitterung und Verödung auch nicht zugeben will, sie ist doch in den geistigen Regionen der menschlichen Seele vorhanden, und sie bildet das Grundübel und die Grundtragik unseres Zeitalters. Und wenn wir in einer uns gebräuchlichen Form zum Ausdruck bringen dasjenige, was ich eben jetzt gesagt habe, so muss das so getan werden, dass wir hinweisen auf alle diejenigen geistigen Mächte, die nun doch walten in allem Naturdasein, die in uns dadurch hereinkommen, dass wir unseren Geist erfüllen mit diesem Naturdasein. Diese Mächte können wir ahrimanische Mächte nennen. Und so ist der Intellekt der großen Gefahr ausgesetzt, den ahrimanischen Mächten zu verfallen. Diese ahrimanischen Mächte, sie haben, als der Intellekt sich entwickelt hat in den letzten Jahrhunderten, als er noch die Erbschaft des alten Geistigen hatte, noch nicht jene große Gewalt über den Menschen gehabt, wie sie sie heute haben. Scheinbar breitet sich das Naturdasein um uns herum aus. Aber dieses ist nur scheinbar: in dieser Natur lebt Ahriman. Und indem wir die Natur aufnehmen, glauben, sie sei bloß von neutralen Naturgesetzen beherrscht, nehmen wir in der Tat, ohne dass wir es wissen, geistige Mächte auf, ahrimanisch-geistige Mächte, jene ahrimanischen Mächte, welche sich eine bestimmte Aufgabe gesetzt haben innerhalb des Weltendaseins, der ganzen Weltenentwickelung.

Nun aber, wenn man von einer solchen Aufgabe geistiger Mächte spricht, kommt der Mensch leicht dazu, zu sagen: Ja, warum lässt die göttliche Weltregierung solche Mächte zu? Und man muss erwidern: Dasjenige, was innerhalb des Irdischen ist, kann mit dem gewöhnlichen Verstand begriffen werden, wenn es sich aber geisteswissenschaftlich darum handelt, das, was über die Erde hinausgeht, zu erfassen, so muss das durch Anschauung geschehen. Wir müssen also erwidern: Diese Mächte sind da, aber wie sie zusammenhängen mit dem, was wir die zu uns gehörigen göttlich-geistigen Mächte nennen, das ist etwas, was der Mensch erst im Laufe langer Zeiten begreifen wird, was vielleicht sich überhaupt dem Begreifen des Menschlichen entzieht, was begriffen werden muss eben von denjenigen Kräften, die dem Übermenschlichen angehören. So dass wir nur sagen können: Diese Mächte sind eben da, zeigen sich der Geist-Erkenntnis.

Diese ahrimanischen Mächte aber haben zu ihrer Aufgabe diese: die Erde sich nicht weiter so entwickeln zu lassen wie ich das in meiner «Geheimwissenschaft» dargestellt habe wie die Erde sich entwickeln muß im Sinne der göttlich-geistigen Mächte, mit denen wir von Anfang an als Menschenseelen verbunden sind. Ich habe die künftige Entwickelung unserer Erde als die Jupiter- und Venus-Entwickelung angedeutet in meiner «Geheimwissenschaft».

Diese Entwickelung zu verhindern, das setzten sich die ahrimanischen Mächte zur Aufgabe. Sie wollen die Erde in sich verhärten, in sich verfrieren lassen, die Erde so gestalten, dass mit dieser Erde zugleich auch der Mensch ein bloßer Erdenmensch bleibe, dass er gewissermaßen in der irdischen Materialität verhärtet und weiterlebt in die Zukunft der Welt hinein wie eine Art Bildsäule seiner Vergangenheit. Gewisse Weltenziele haben diese Mächte, welche das durchaus als ein Glied ihrer eigenen Bestrebungen erscheinen lassen. So also würde die Erde nicht an ihr Ziel kommen, wenn den ahrimanischen Mächten der Sieg zufallen würde, und der Mensch würde entfremdet werden von seinen Anfängen, von denjenigen Mächten, die gerade seine Entwickelung im Anfang bedingt haben. Der Mensch würde gewissermaßen äußerlich eine Gestaltung erfahren, die dem Irdischen noch voll angemessen ist, die aber seine Keimanlage unterdrücken würde, welche über das Irdische hinausgehen muss. Solange unser Intellekt, wie in den letzten drei bis vier Jahrhunderten, noch im Geistigen wurzelte durch eine alte Erbschaft, so lange konnten an den Menschen diese ahrimanischen Machte nicht heran. Das ist aber gerade seit dem Beginn des zwanzigsten Jahrhunderts anders geworden. Schon die altindische Weisheit hat das geahnt und hat den Ablauf des finsteren Zeitalters, des Kali Yuga, angesetzt mit dem Ende des neunzehnten Jahrhunderts, hat also ein neues Zeitalter geahnt. Mit diesem neuen Zeitalter sollte aber nichts anderes angedeutet werden, als dass es vom Beginne des zwanzigsten Jahrhunderts an in die Herzen der Menschen gelegt ist, nicht an der alten Erbschaft festzuhalten, sondern das neue Licht, das reine Licht in unser irdisches Leben wirklich aufzunehmen.

Wodurch aber kann dem Menschen dieses geistige Licht verlorengehen? Dadurch, dass er seinen Willen nicht hinlenkt nach dem Empfangen dieses Lichtes. Solange im Intellekt noch das alte Erbgut herrschte, konnte ihm das nicht so schädlich werden wie heute. In diesem Zeitalter hat er ausgebildet seine Anschauung über das Feste, das Flüssige, Luftförmige, auch über das Ätherische. Er hat diese Ansicht ausgebildet so, dass er hinschaut auf das Irdische und seine Elemente, wie wenn diese gar nicht von Geist durchdrungen wären. Aber indem wir hinschauen auf Wasserstoff, Stickstoff, Sauerstoff und so weiter, auf die uns überlieferten physikalischen Gesetze, bekommt gerade das Ahrimanische den richtigen Angriffspunkt innerhalb der Weltenentwickelung. Wir achten nicht darauf, dass in unserer ganzen Umgebung Geist ist; dadurch kann sich ohne unser Wissen das Ahrimanische in uns einschleichen und sich gerade desjenigen Geistigen bemächtigen, von dem wir nichts wissen wollen in unserer Umgebung. Daher müssen wir wissen lernen von dem Geistigen in unserer Umgebung. Wir dürfen nicht bloß reden von den festen Elementen, Natrium, Kalzium und so weiter, sondern von dem, was mit allem Festen, Irdischen als Geistiges verbunden ist. Da müssen wir sagen: Dasjenige, was uns in der Außenwelt als Festes, Irdisches entgegentritt, ist durchaus so geartet, dass Geist damit verbunden ist, und zwar ein Geist, welcher eine besondere Neigung zur Vielheit hat, so zur Vielheit sie hat, dass wir diese Vielheit gar nicht ermessen können. Überall, wo wir hinschauen auf das Feste, da finden wir auch, wenn wir es in der richtigen Weise anschauen, Geistiges, und zwar viele und mannigfaltige geistige Wesenheiten.

Eine alte instinktive Weisheit hat hier von Gnomen und dergleichen gesprochen. Wir brauchen, um nicht gar zu sehr zu schockieren, gar nicht diese alten Ausdrücke beizubehalten, wir können durchaus in einer Sprache reden, die uns geläufig ist, müssen aber dennoch hinschauen auf das, was uns in gewissen Gegenden der Erde ganz besonders aus jedem Klumpen der Materialität als Geistiges entgegenleuchtet. Und wenn wir also, wie heute, etwas mehr esoterisch beisammen sind, dann darf es in dieser schnelleren Form ausgesprochen werden: Derjenige, der heutigen Tages mit geistiger Anschauung ausgerüstet ist, der tritt dann diesem Klumpen Erde so entgegen, dass geistige Wesenheiten herausspringen, die nicht im Physischen verkörpert sind, so dass wir sie mit äußeren Augen nicht sehen, die aber geistig wahrgenommen werden können. Und man kann sagen, sie sind so sehr auf die Vielheit hin angelegt, dass aus dem kleinsten Klumpen unermesslich viele solcher Wesenheiten herausspringen können. Sie sind so geartet, dass sie fast ganz bestehen aus dem, was im menschlichen Verstand wirkt, sind listige, kluge, überverständige Wesen. So dass um uns herum waltet, ich möchte sagen, geistig-lebendige Klugheit, Listigkeit, schnelleres geistiges Erfassen als in intellektueller, verständiger Form, denn dieses wie zur Substanz gewordene Intellektuelle lebt in allem festen irdischen Element. Und ehe man nicht wissen wird, wie zusammenarbeiten diese geistigen Wesenheiten, die in dem festen irdischen Element sind, wird es auch keine wahre Chemie geben. Was wir heute als Chemie haben, dem kann Anthroposophie begreifend gegenüberstehen, aber die Wahrheit wird erst erfasst werden, wenn das, was für übersinnliches Schauen fassbar ist, wenn Geistiges in all dem Irdischen gefunden werden kann. Da müssen wir dann den Willen haben, selbst die festesten Grundsäulen der Intellektualität bei menschlicher Besonnenheit zu verlassen. Wenn wir dem Irdischen gegenüberstehen, sei es was wir auch immer zu zählen haben: 1, 2, 3, 4 ..., so sind wir gewohnt, wenn wir bis vier gezählt haben, zu sehen, dass eben die Summe von vier vor uns liegt. Dasjenige, was wir aus Festem an geistigen Wesenheiten herauslösen, was uns in seiner Erpichtheit auf die Mannigfaltigkeit entgegentritt, das können wir beginnen zu zählen, aber dann stellt sich heraus, dass das gar nicht mehr drei oder vier ist, sondern schon sieben geworden ist: All unser Zählen verlässt uns bei dieser Gelegenheit. Innerhalb dessen, was die Menschheit als atomistische Welt kennt, kann man abzählen; innerhalb der wirklichen Welt ist alles auf eine viel größere Mannigfaltigkeit gestellt, da ist alles lebendig, da müssen wir gewahr werden, dass selbst unserem Zählen von der höheren Intelligenz Hohn gesprochen wird. Da müssen wir mit unserem Intellekt, trotzdem er bei Besonnenheit bleibt, nicht in die Gedankenflüchtigkeit hineinkommen, da müssen wir mit dem Intellekt voll gegenüberstehen demjenigen, was uns die Wirklichkeit bietet. Viele werden sagen: Wenn einem so etwas in der Wirklichkeit entgegentritt, da kann man ja wahnsinnig werden! Deshalb wird eben die große Bedeutung darauf zu legen sein, dass, bevor der Mensch eintritt in diese Welt, er zur vollen Besonnenheit gekommen ist und die irdischen Verhältnisse mit aller Trockenheit zu beurteilen in der Lage ist. Wenn Sie bedenken, dass unser waches Leben nicht in der Ordnung sein kann, wenn wir nicht in der richtigen Weise schlafen, wenn Sie sich überlegen, dass dasjenige, was wir hier auf der Erde erleben, wie ein Schlaf ist gegenüber dem, was das Reale ist beim Eintreten in die geistige Welt, so müssen Sie sagen: Derjenige, der hier auf der Erde nicht voll feststeht, der trägt, wenn er hier phantastisch, spiritistisch und so weiter ist, krankhafte Elemente in das Geistige hinein. Und es ist so, wenn er sich in der geistigen Welt bewegt, wie wenn sich ein Mensch im wachen Zustand mit der Nervosität bewegt, die er aus einem kranken Schlafe bekommt. Das ist jedoch, was durch einheitliches harmonisches Streben durch alle anthroposophische Bewegung geht: Die anthroposophische Bewegung kann zu größerer Gesundung des Menschen führen, nicht aber zu einem Nicht-darinnenstehen im vollen Menschenleben zwischen Geburt und Tod.

Aber wenn wir heraufdringen zu dem Flüssigen, so finden wir wiederum eine andere Art von geistigen Wesenheiten. Während mit unserem Verstande ähnlich sind die Elementarwesen des Festen, sind mehr unserem Gefühl ähnlich die Elementarwesen, die im Flüssigen leben. Wir stehen ja mit unseren Empfindungen außerhalb der Dinge. Der schöne Baum ist draußen, ich stehe hier, ich bin von ihm getrennt; ich lasse das, was er ist, in mich einfließen. Das, was an Elementarwesen im Flüssigen ist, durchströmt den Baum in seinem Safte selber. Es strömt hinein mit seiner Empfindung in jedes Blatt. Es empfindet nicht nur von außen das Rot, das Blau, es erlebt innerlich diese Farbe, es trägt seine Empfindungen in alles Innerliche hinein. Dadurch ist wiederum das Empfindungsleben viel intensiver bei diesen geistigen Wesenheiten, als das sehr intensive Verstandesweben bei den Elementarwesen des Festen.

Und ebenso ist im Luftförmigen eine Summe von Elementarwesen enthalten. Alle diese Wesenheiten verlieren, je mehr sie sich dem Luftförmigen nähern, immer mehr und mehr ihre Sehnsucht nach Mannigfaltigkeit. Wir haben das Gefühl, dass selbst die Zahl uns nichts mehr hilft, indem wir zu dem Luftförmigen heraufdringen. Einheit wird erstrebt immer mehr und mehr. Dennoch leben in einer großen Mannigfaltigkeit und verwandt mit dem menschlichen Willen die Elementarwesen der Luft. Mit dem menschlichen Verstand sind verwandt, innerlich verwandt, die Elementarwesen des Festen, mit dem menschlichen Gefühl die Elementarwesen des Flüssigen, mit dem menschlichen Willen die Elementarwesen des luftförmigen Elementes.

Aber dieser ganze Chor von Wesenheiten, der ebenso um uns herum ist wie Steine, Pflanzen, Tiere und physische Menschen, dieser ganze Chor, der kann entweder offenbarend an uns herandringen, indem wir das Geistige heute willig aufnehmen, oder aber er kann sich unserem Bewusstsein verschließen. Wollen wir nichts wissen von der geistigen Welt, dann ist dieser ganze Chor verfallen den ahrimanischen Mächten, dann kommt das Bündnis zwischen Ahriman und den Naturgeistern zustande. Das ist heute das, was in der geistigen Welt schwebt als überragender Entschluss: das Bündnis zustande zu bringen zwischen den ahrimanischen Mächten und den Naturkräften. Es ist sozusagen der Kompromiss im Werke zwischen den ahrimanischen Mächten und den Naturgeistern, und es gibt keine andere Möglichkeit, dies zu verhindern, als dadurch, dass sich die Menschen in ihrer Erkenntnis an die geistige Welt wenden und dadurch bekannt werden mit den Naturgeistern, ebenso wie sie bekannt wurden mit Sauerstoff, Stickstoff, Wasserstoff, Kalzium, Natrium und so weiter. Es muss also hingesetzt werden neben eine Wissenschaft des Sinnlichen, des Physischen, eine Wissenschaft des Geistes. Und zwar müssen wir mit dieser Wissenschaft des Geistigen absolut Ernst machen. Indem wir bloß in pantheistischer Weise herumreden vom Geist, kommen wir ihm nicht nahe. Wir dürfen nicht jene Mutlosigkeit haben, die sich davor zurückhält, von konkreten geistigen Wesenheiten zu reden. Wohin wäre die Menschenentwickelung gekommen, wenn zum Beispiel das Volk des Alten Testaments und andere Völker so mutlos gewesen wären, nicht zu sprechen von einzelnen geistigen Wesenheiten, sondern von einer verschwommenen allgemeinen geistigen Wesenheit in pantheistischer Weise? Für die Menschheit wurde der Übergang geschaffen in der Entwickelung, indem die katholische Kirche zu den Heiligen gegriffen hat, gewissermaßen dasjenige zum Ausgangspunkt ihrer Verehrung genommen hat, was als Geistig-Seelisches geblieben ist von den Menschen selber in der geistigen Welt. Sie legt das nach ihrer Art aus, ein tiefer Impuls liegt dem aber zugrunde. Wir müssen uns jedoch in die Lage versetzen, nicht nur im Menschen das zu finden, was wir so in die geistige Welt versetzen können, sondern den Mut haben, in der ganzen Umgebung den Geist zu suchen, wie wir das Natürliche durch die Sinne suchen. Wenn wir das tun, dann kommen wir zu dem hinauf, was uns als Licht entgegentritt, als das die Welt durchpulsende Leben, da kommen wir hinauf zu den Wesen, die nach der Einheit streben, die eben gerade den Menschen dazu verführen, ein bloß Einheitliches in der Welt zu empfinden. Der Monotheismus ist entsprungen der Offenbarung der ätherischen Welt an die Erdenmenschheit. Aber indem wir zu diesen Lichtwesen hinaufgehen, zu den elementarischen Wesen des Äthers, kommen wir zu einer anderen äußeren Welt. Diese Welt ist jedoch nicht nur im physischen Licht enthalten, sondern auch in demjenigen, was als Geistiges zu uns herniederströmt mit jedem Sonnenstrahl: Da finden wir solche Wesenheiten, wie wir sie in den irdischen Elementen finden. Aber in jenen ätherischen Elementen finden wir Wesenheiten, die nun wiederum die Menschheit nicht so mit der Erde verbinden wollen, wie es in der Absicht der ahrimanischen Mächte liegt, welche die Erde in ihrer Entwickelung aufhalten, sondern sie wollen den Menschen nicht zur vollen Erkenntnis des Irdischen kommen lassen, sie möchten dessen Entwickelung aufhalten, bevor die Erde an ihr

Ziel gelangt. Die ahrimanischen Wesenheiten möchten die Erde so weit bringen als es ihren Zwecken dienlich ist; die anderen Wesenheiten sind darauf aus, das, was in der Menschheitsentwickelung vom Anbeginn veranlagt ist, nicht bis zur vollen Entfaltung kommen zu lassen, es in früheren Stadien festzuhalten. Da aber konnten sie den Entschluss fassen und das ist der andere Entschluss, der uns entgegentritt, wenn wir hinaufschauen in die höheren Sphären eines Bündnisses nun zwischen Luzifer und den Elementarmächten des Ätherischen. Während Ahriman mit seinen Mächten einziehen kann in die menschliche Wesenheit, wenn sich der Mensch der Erkenntnis des Geistigen verschließt, kann Luzifer mit den Mächten, die im Ätherischen sind, in den Menschen einziehen, wenn der Mensch die rechte Vertiefung in sein Inneres versäumt. Und so stehen heute die feindlichen Mächte von oben und unten da vor dem Menschen.

Und die Mächte, die in der Wärme leben, die im Wechsel von Sommer und Winter fluten, diese in der flutenden Wärme lebenden Feuergeister, die aber auch in unserem Blute leben, das uns mit Wärme durchpulst, die bilden die Vermittler zwischen dem luziferischen und ahrimanischen Element. Aber gerade so kreist in der äußeren Welt nur nicht so unregelmäßig, wie es die Meteorologie darstellt, sondern so, wie unser Blutkreislauf ist –, so kreist in der Welt das Wärmeelement auf und ab, die Vermittlung bildend zwischen ahrimanischen und luziferischen Wesenheiten. Und wir stehen darinnen in der Objektivität des Blutkreislaufes, in seinem Wärmewallen und Weben, wir stehen darinnen in dem Wogenden nicht nur dieser Elementargeister, sondern der ganzen elementarischen Welt. Wir kommen nur heraus, wenn wir uns in die geistige Welt mit voller Bewusstheit hineinleben. Wir können uns aber nur da hineinleben, wenn wir nicht davor zurückschrecken, dieser geistigen Welt wirklich unbefangen ins Auge zu schauen.

Das aber tritt uns gerade als eine Schwierigkeit in dem gegenwärtigen Zeitpunkt unserer anthroposophischen Bewegung entgegen. Da tritt uns etwas entgegen in dieser anthroposophischen Bewegung, was, ich möchte sagen, das Fortleben dieser anthroposophischen Bewegung ganz besonders schwierig macht. Das möchte ich Ihnen an einem konkreten Beispiel andeuten, es könnte auch an jedem anderen Beispiel dasselbe angedeutet werden.

Heute müssen wir durch das, was die Welt von uns fordert, sagen wir zum Beispiel auf dem Gebiet des Medizinischen, so sprechen, dass das, was wir aussprechen, anknüpft an die äußere Medizin. Da müssen wir davon reden, wie irgendwelche Krankheiten entstehen, mit welchen äußere materielle Naturmächte zusammenhängen; da müssen wir darstellen, wie zum Beispiel die Rachitis zusammenhängt mit dem, was an den Menschen herandringt als das Luftelement. Wir müssen das benützen, was heute aus der materialistischen Weltanschauung heraus die Statistik sagt: wir müssen abzählen, wieviel Menschen nach Norden und Süden leben. Wir werden uns dabei vielleicht gar nicht bewusst, in welches Element wir da untertauchen. Betrachten Sie dasselbe Element im Versicherungswesen. Wir können uns statistisch und müssen es statistisch ausrechnen, wie lang die wahrscheinliche Lebensdauer eines Menschen ist, damit er sich in eine Lebensversicherung einschreiben kann. Die Lebensversicherungen, in der äußeren physischen Wirklichkeit können sie ihre Tätigkeit nur entfalten dadurch, dass man ausrechnen kann die wahrscheinliche Lebensdauer des Menschen. Nehmen wir nun an, sie sei ausgerechnet. Wird irgendein Mensch sagen: Bis zu diesem Zeitpunkt, der da ausgerechnet worden ist, kann ich nur leben? Kein Mensch wird sich das sagen, weil er sich bewusst ist dessen, dass da etwas in der Wirklichkeit ist, was aller Statistik Hohn sprechen kann. Indem wir das einsehen, müssen wir dennoch die Statistik gebrauchen, um sozusagen äußerlich im Einklang mit der Wissenschaft dieses oder jenes zu charakterisieren. Es ist dies ganz richtig, denn wir müssen heute so sprechen, dass es mit Wissenschaft übereinstimmt. Ich habe aber nun festgestellt: Die Rachitis kommt an den Menschen heran, indem er entfalten muss die Kräfte des unteren Menschen wie in einem tiefen Kellerloch, weil ihm die Kräfte des Lichtes entzogen sind. Aber da steht auf der anderen Seite, dass wir als geistig-seelische Wesenheiten heruntersteigen aus einer geistigen Welt und uns umkleiden mit dem Physischen. Dieses Umkleiden bedeutet nicht bloß, dass wir uns in einer beliebigen Weise einen Körper nehmen, sondern dass wir heruntersteigen in die Erde, in ein bestimmtes Volk, in eine bestimmte Familie hinein, weil wir eine Sympathie haben gerade zu den einzelnen Kräften, die in dieser Familie herrschen, die an diesem Orte herrschen. Bis in diese Einzelheiten hinein ist in den Sympathien der Seele das enthalten, was sie hinzieht zum irdischen Leben, bis in die Einzelheiten hinein ist in den Seelen enthalten, was sie hinzieht zu einem Leben, das sie als Kinder verleben müssen, vielleicht in einem Zimmer, das nach Norden liegt, oder in einem Zimmer, das nach Süden liegt. Das wird erstrebt von der Seele, dass sie sich unter Umständen in der Dunkelheit entfalten kann. Wir dürfen nicht sagen, dass wir nur hinschauen dürfen auf das eine, ob da Licht und Luft fehlt, sondern müssen hinschauen auf das Geistig-Seelische, das sich in diese Umgebung hineingesehnt hat. Daher müssen wir uns fragen: Können wir nur nach den physischen Voraussetzungen, die uns die physische Erkenntnis gibt, das heilen wollen, was uns da als Rachitis entgegentritt? Wir können es nicht, sondern müssen uns sagen: Wenn es uns gelänge, das Heilmittel so zu nehmen, dass der Mensch einfach physisch gesund würde, so müsste er noch in die tiefsten Tiefen seines seelischen Lebens zurückschieben dasjenige, was in seinem Schicksal liegt und weswegen er sich in die nicht-lichterfüllte Welt hineingesehnt hat. Und nur wenn es uns gelingt, auch das zu treffen, was sich in das Unterbewusste hinunterstellte, wenn wir den Menschen in die Lage setzen, zum Bewusstsein zu bringen, was er zu tun hat, nur wenn wir auf den ganzen Menschen nach Leib, Seele und Geist sehen können, nur dann können wir eine volle Wissenschaft auch des Medizinischen begründen. Sie müssen bedenken, dass wir in dieser Tragik gerade im gegenwärtigen Moment der anthroposophischen Bewegung darinnen leben, dass daher Widerspruch über Widerspruch innerhalb dieser anthroposophischen Bewegung gefunden werden kann, dass es ein Leichtes ist, einem das eine oder das andere vorzuwerfen. Aber gerade dadurch, dass man es wirklich in seiner Wahrheit anschaut, findet das eine und andere seinen Ausgleich. Daher haben diejenigen, die innerhalb unserer anthroposophischen Bewegung wirken, überall, wo sie anknüpfen an das Materielle, auch ihre geistigen Aufgaben. Daher müssen diejenigen, die Ärzte werden, eben andere Menschen werden, aus einem anderen Geist heraus die Welt ansehen, sich nun nicht angewöhnen, dadurch, dass sie in die äußere Wissenschaft untertauchen, dieser immer ähnlicher und ähnlicher zu werden, sondern sie müssen sich gerade, wenn sie die Kompromisse, die nötig sind, mit ihr schließen, aus ihr erheben.

Das ist das, was wir uns sagen können und auch sagen müssen, wenn wir eine Zeitlang innerhalb der anthroposophischen Bewegung gelebt haben. Und solche Schwierigkeiten wie die, welche ich jetzt geschildert habe, gibt es viele. Die sind nicht dazu da, dass man sie kritisch beleuchtet, sondern dass man sich vollends in sie hineinlebt und sie so zu verstehen lernt, dass an ihrer Stelle die völlige Harmonie sich ergibt. Und so müssen wir in allen Zweigen des Lebens in Wirklichkeit heute zusammenwirken. Wenn ein Lehrer der Waldorfschule einem Arzt des Klinisch-Therapeutischen Instituts heute etwas sagt, so ist das etwas anderes, als wenn sich andere Menschen draußen etwas sagen. Wenn ein solcher Lehrer sich ausspricht, so spricht er gewissermaßen das Hygienische des Seelischen aus, so spricht er aus demjenigen heraus, was man an den Kindern tun muss, um Heiler der Kinder zu sein. Da tönt dann etwas herauf, was wiederum ungeheures Licht werfen kann in den Kopf und in die Seele dessen, der sich im Klinisch-Therapeutischen Institut beschäftigt. Und umgekehrt: was in diesem Klinisch-Therapeutischen Institut entwickelt wird, muss hineingreifen in das, was die Waldorflehrer wirken. So muss seelische Harmonie sich entwickeln, die durch die Sache selbst gefordert wird. Wenn jeder Mensch für sich handelt, so entstehen Disharmonien. Wenn auf unserem Gebiet die einzelnen Menschen, die aus diesem oder jenem heraus wirken, nicht zusammengehen, sich nicht zusammenfinden, so entsteht gar nicht Anthroposophie innerhalb der Menschheit. Anthroposophie erfordert als Sache wirklich menschliche Brüderlichkeit bis in die tiefsten Tiefen der Seele hinein. Sonst kann man sagen: Ein Gebot ist die Brüderlichkeit. Bei Anthroposophie muß man sagen: Sie wächst nur auf dem Boden der Brüderlichkeit, sie kann gar nicht anders erwachsen als in der Brüderlichkeit, die aus der Sache kommt, wo der einzelne dem anderen das gibt, was er hat und was er kann. Das ist es aber, was uns von Grund auf immer mehr und mehr dazu führt, auch anderes einzusehen. Es ist ja heute dahin gekommen, dass im Grunde doch ernst hingesehen werden muss auf das Wort eines Basler Theologie-Professors, der ein Freund Nietzsches war, und der das Buch geschrieben hat, das auch auf Nietzsche einen so großen Eindruck gemacht hat, das Buch über die Christlichkeit unserer heutigen Theologie. Hier spricht nicht ein Anthroposoph, auch nicht ein Atheist, hier spricht ein Mensch, der angestellt war an der Universität, um Theologie zu lehren. Und das Fazit dieses Buches ist ungefähr, dass Overbeck, der Verfasser, sagt: Es mag noch vieles Christliche geben unter den Menschen, die Menschen verhalten sich vielfach noch christlich, jedenfalls aber ist die Theologie nicht mehr christlich. Das heißt, sie hat den wahren Christus-Begriff verloren, besonders da, wo sie aufgeklärte Theologie sein will. Das ist das Ergebnis, zu dem nicht ein ketzerischer Anthroposoph, sondern ein lehrender Theologe der christlichen Kirche gekommen ist.

Das ist das eine. Das andere ist das, was Ihnen schon gut bekannt ist und nun nicht aus Tradition heraus, sondern aus der wirklichen Erkenntnis heraus –: die Stellung des Anthroposophen zum Mysterium von Golgatha. Das, was darüber zu sagen ist, Sie können es an den verschiedensten Stellen der sogenannten Zyklen finden. Das aber, was ich heute noch besonders sagen will, ist das Folgende: Wie wenig schaut gerade heute der aufgeklärte Theologe hin auf denjenigen, der als ein außerirdisches Christus-Wesen durch das Mysterium von Golgatha durchgegangen ist und nachher mit den Eingeweihten und Schülern verkehrt hat. Wie wenig schaut die Theologie auf denjenigen hin, der nach der Auferstehung lebte, noch sichtbar seinen eingeweihten Schülern! Aber derjenige, der sich der Anthroposophie nähert, er kann gerade allmählich zu einem Anschauen, zu einem lebendigen Anschauen dieses

Mysteriums von Golgatha kommen und darauf kommen, was der Christus nach seiner Auferstehung seinen eingeweihten Schülern noch beigebracht hat. Und findet man sich in das hinein, dann wird einem auch immer mehr und mehr die geistige Welt um einen herum fassbar. Denn um das Mysterium von Golgatha selbst zu verstehen, ist ein geistiges Verständnis notwendig. Deshalb wird es den Menschen so schwer, das Mysterium von Golgatha zu verstehen, weil sie es materialistisch auffassen möchten. Vieles ist aber, was sogar noch fortlebt bei den ersten Kirchenvätern von demjenigen, was der Christus selbst seinen eingeweihten Schülern nach seiner Auferstehung gewährt hat. Und aus dem Vielen möchte ich heute nur dieses herausheben.

Sehen Sie, die Menschheit vor dem Mysterium von Golgatha lebte ja durchaus in einer Art von Urweisheit. Wenn wir in die Anfangszustände der Erde gehen, haben wir ja nicht jenen primitiven Menschen, welcher mehr oder weniger tierisch war – das war er nur seinem äußeren Aussehen nach –, wir haben jenen primitiven Menschen, der vom göttlich-geistigen, übermenschlichen Wesen eine Urweisheit empfangen hat. Die da und dort wieder besonders betonte Urweisheit der Erde, die ist durchaus nicht eine Chimäre, sondern etwas, was vorhanden war. Die Menschen gingen von Weisheit aus, nicht von Unweisheit. Diese Urweisheit, die wir heute ganz besonders bewundern, wenn wir sie bewusst wiederfinden auf dem Boden der Anthroposophie, war eine mehr traumhafte. Die Menschen erlebten sie in Bildern, die nicht verbunden waren mit einem starken Ich-Gefühl. Eine Art von ungeheuer tiefgehender, man darf sagen, von den göttlich-geistigen Wesenheiten empfangenen Urweisheit steht im Beginn der Erdenentwickelung da unter den Menschen, die nach außen ein mehr tierisches Aussehen hatten. Die Menschen wussten von dieser Urweisheit nur in Bildern. Allerdings, wenn die Menschen einmal hineinschauen werden in das volle Gefüge des Natürlichen, dann werden sie auch über das Tierische anders urteilen, als sie heute urteilen. Dann wird man hinschauen zum Beispiel auf die wie gelähmt daliegende verdauende Schlange und wird sehen, dass in dem, was da bloß der Länge nach geringelt liegt, ein inneres Leben ist, das in Bildern wie in einem Weltentraum ungeheuer viel erlebt, so dass selbst die Verdauung der Schlange aus der Bilderwelt, aus dem Kosmos besorgt wird. Auch innerhalb des Ahrimanischen wird man das Geistige schon noch entdecken.

Aber diese Urweisheit war eben eine traumhafte. Das bedingte, dass die Menschen etwas nicht im vollen Umfange fühlten, was heute der Mensch, einfach indem er auf die äußere Wahrnehmung hin organisiert ist, in seiner vollen Stärke empfindet: das ist der Tod. Obzwar unsere Vorfahren vom Anfang der Erde nicht tierische Vorstellungen über ihre Mitmenschen und sich selbst hatten, so hatten sie doch noch ganz und gar nicht jene Anschauung des Todes bis ins Innere der Menschenseele, welche die spätere Menschheit hat. Die Menschen lebten dahin, sie hörten zu leben auf, ohne dass sie irgendwie berührt wurden von diesem Aufhören des Lebens, aus dem Grunde, weil sie während des Lebens durch die Urweisheit das Hereinleuchten des Geistigen empfingen. Sie fühlten sich nie ganz heraus aus dem Geistigen. Daher erlebten sie das nicht als ein besonderes Ereignis, was der Tod ist, sondern nur als ein Abstreifen, wie das Abstreifen einer Schlangenhaut. Sie erlebten nicht den Tod mit der Schärfe, mit der eben wir den Tod erleben müssen. Das heißt, es sind, um den Tod so anzuschauen, wie ihn die neuere Menschheit anschauen muss, auch andere geistige

Kräfte notwendig, als die Urmenschheit sie hatte. Aber das Rätsel des Todes in der Weise, wie es heute vor der Menschheit steht, es trat immer mehr und mehr hervor, war aber doch noch nicht ganz da in den alten Zeiten vor dem Mysterium von Golgatha. Nun nahte es heran. Aber denken wir jetzt einen Augenblick, es wäre nicht gekommen, es wäre gar nicht das geschehen, was uns die Evangelien verkünden, nehmen wir diese Hypothese einmal an: dann wäre die Entwickelung der Menschheit so gekommen, dass der Mensch die Urweisheit immer mehr und mehr in das Unbewusste hinunter gedrängt hätte. Angeschaut würde er nur das Äußere haben. Der furchtbare Tod mit allem übrigen, was das Anschauen des Todes im Gefolge hat, wäre vor der Menschheit trostlos gestanden. Und als das Jahrtausend, das Jahrhundert an die Menschenentwickelung der Erde heranrückte, in das dann das Mysterium von Golgatha gefallen ist, da stand dann immer mehr und mehr alles das vor der Menschenseele, was mit der Anschauung des Todes zusammenhing. Und das war es, was der auferstandene Christus seinen eingeweihten Schülern mitteilte. Er sagte ihnen: Der Mensch hat eine Urweisheit von den göttlich-geistigen Wesenheiten erhalten zu einer Zeit, als die Götter noch selber den Tod nicht gekannt haben. In der Urweisheit ist keine Anschauung vom Tode und von der Überwindung des Todes enthalten, denn innerhalb der göttlichen Welten war nur Metamorphose, war nicht der Tod. Ich aber, so sagte der Christus nach der Auferstehung, bin abgesandt worden von denjenigen, die dem Vatergott ergeben sind, um das auf der Erde zu erleben, was in der Götterwelt nicht erlebt werden kann: ich umkleidete mich mit einem physischen Leibe. Er sagte nach der Auferstehung zu seinen eingeweihten Schülern, was sich aber dann fortpflanzte – erst im vierten Jahrhundert ist ja das

Christentum veräußerlicht worden –: Ich bin heruntergestiegen, um eine Göttererfahrung vom Tod zu haben, damit die Götter wissen vom Tod, damit derjenige, der das Christentum in der Wahrheit ergreift, auch den Sieg alles Geistigen über das Irdische im Tod begreifen lerne.

Dazumal ging der große Ruf an die Menschheit, so zu begreifen den Tod, dass dadurch sich gerade die Geistigkeit freimacht vom Menschen, nachdem sie eine Weile in der irdischen Welt war. Das aber ist dasjenige, was die Götter durch das Mysterium von Golgatha sich selber als Erkenntnis angeeignet haben. Das erhöhte Kreuz ist deshalb auch ein Ereignis innerhalb des Kosmos. Der Kosmos hat seine Angelegenheiten hier so abgewickelt, dass ein Wichtigstes auf der Erde geschehen ist. Das Kreuz ist nicht nur von der Erde aufgerichtet, das Kreuz ist heruntergesenkt auf die Erde, damit die Götter etwas, was sie in der Götterwelt abzumachen hatten, auf die Erde stellten, auf dass es die Menschen anschauen können. So muss der Mensch auch den wahrhaften Christus erkennen, während heute, wenn Sie die Theologie anschauen, die Christus-Anschauung verschwimmt. Sie können zum Beispiel bei Harnack überall den Christus-Namen ausstreichen und überallhin den allgemeinen Gottesnamen setzen, denn es wird nicht von dem lebendigen auferstandenen Christus gesprochen und dadurch das Mysterium von Golgatha nicht in seiner überirdischen Bedeutung erkannt. Wenn sich der Mensch mit dieser Bedeutung verbindet, dann bekommt er mehr und mehr die Vorstellung, dass die Geistigkeit zwar den Tod braucht, dass der Mensch aber sonst, wenn er nicht durch die Pforte des Todes immer wieder und wiederum gehen würde, nicht zu seiner vollen Entwickelung kommen könne. Es muss aber auch, nachdem für alle künftige Erdenentwickelung der Anfang gemacht worden ist, den Menschentod durch das Mysterium von Golgatha zu begreifen, noch weitergegangen werden. Wir müssen noch anderes begreifen.

Um uns liegt heute die ganze tote Natur. Wir gratulieren uns förmlich, wenn wir diese Natur begreifen können. Wir möchten nicht die Steine nur, sondern auch die Pflanzen durch ihren Chemismus begreifen, und auch die Tierheit. Wir möchten das Tote in alles hineintragen. Und wenn die Menschen in ihrer heutigen Erkenntnis ein Ideal aufstellen, so ist es, an die Stelle des Lebens einen toten Mechanismus und Chemismus zu stellen. Sie möchten sagen können: Da ist eine Pflanze, die ganz kleine, winzige Prozesse entfaltet, die sich so zusammensetzen, dass wenn man hinschaut auf die Pflanze, einem das, was an einzelnen chemischen Prozessen erlebt wird, verschwommen erscheint, und das nennen wir dann Leben! Doch so ist es nicht, da ist wirkliches Leben drinnen. Wir müssen uns klar sein, dass um uns herum der Tod ist, und dass sich unsere Erkenntnis auf den Tod orientieren will. Wie aber das Christentum uns herausgerissen hat aus dem Verbundensein mit dem Tod, wie es uns gelehrt hat: derjenige, der nicht die Auferstehung begreift, der nicht den Christus als den Lebendigen begreift, der ist in seiner Seele selber tot, so müssen wir auch begreifen: Wenn wir uns nur mit dem Toten verbinden, dann werden wir selber tot und ahrimanisch, wenn wir aber den Mut haben und die Liebe zu allen Wesen um uns, das zu verbinden, was die Wesen selber sind, nicht, was unsere tote Idee von ihnen ist, dann finden wir den Christus überall, dann finden wir den Sieg des Geistes überall. Dann werden wir vielleicht noch sprechen müssen in einer Weise, wie es unseren Zeitgenossen paradox vorkommt, von den einzelnen Wesen, die im Festen, Flüssigen und so weiter leben, aber solange wir nicht davon sprechen, reden wir von einer toten, undurchchristeten Wissenschaft. Erst dann tun wir es nicht mehr, wenn wir uns entschließen, so von diesen Dingen zu reden, wie wir im wahren Christentum reden. So müssen wir auch alles Wissenschaftliche durchchristen, müssen das, was wir uns heranbilden können durch unsere Gemeinschaft mit dem Christus, in alles Wissen, alle Erkenntnis, in all unser Leben hineintragen. Dadurch aber wird das Mysterium von Golgatha erst wirklich fruchtbar gemacht durch Menschenkraft und Menschenstreben und Menschenliebe unter den Menschen selber. Und in diesem Sinn können wir sagen: Anthroposophie ist in allen Einzelheiten ein Streben nach der Durchchristung der Welt.

Wir richten über uns auf das Zeichen des Christus. Wir können, indem wir hinschauen auf die äußere Natur, nur durch innere Krankhaftigkeit sagen: Da ist kein Gott in der Natur. Wenn wir aber mit wirklich sinnender Seele auf die Natur schauen, dann finden wir in ihr überall Gott, und wir sagen dann einfach aus der Natur heraus: Ex deo nascimur.

Es ist eine Krankheit, wenn wir das in unserem innersten Wesen nicht sagen. Aber im Verlauf unseres Erdenlebens müssen wir durch unsere eigenen Seelenkräfte den Christus finden, sonst können wir nicht richtig sterben, weil das Leben im Sterben der neueren Menschheit nur der Christus vermittelt. Und es ist einfach eine Schicksalsfrage des menschlichen Lebens, ob wir den Christus in uns aufnehmen können, ob wir den Christus finden, ob wir das Mysterium von Golgatha verstehen lernen, ob wir in unserem innersten Wesen sagen lernen: In Christo morimur.

So wie es eine Art von Krankheit des Menschen ist, nicht zum Vatergott kommen zu können, so ist es ein elendes Schicksal, nicht zum Sohnesgott zu kommen. Aber es ist zugleich eine Schwäche des Geistes, die daraus hervorgeht: denn durchdringen wir uns mit der Erkenntnis und Liebe zum Vatergott und Christus, dann wird in uns etwas auferweckt, was uns trotz allen Todes, trotz aller toten Natur in die lebendige Geistigkeit hineinführt. Und dann sagen wir durch die Kraft des Vatergottes, durch die Kraft des Christus-Gottes: Per spiritum sanctum reviviscimus, in dem Heiligen Geiste werden wir wiedergeboren.

Und so schließt sich in klarer Erkenntnis, nicht aus dumpfem nebulosem Streben, das, was man wissen kann, in das Wort zusammen:

> Ex deo nascimur – aus Gott sind wir geboren.
> In Christo morimur – in Christo sterben wir.
> Per spiritum sanctum reviviscimus – durch den Heiligen Geist werden wir wiedererwachen im Geistselbst.

Der Autor

Peter Selg, Prof. Dr. med., Jg. 1963, ist Leiter des Ita Wegman Instituts für anthroposophische Grundlagenforschung in Arlesheim und Co-Leiter der Allgemeinen Anthroposophischen Sektion der Freien Hochschule für Geisteswissenschaft in Dornach (Goetheanum). Er unterrichtet medizinische Anthropologie und Ethik an der Universität Witten/Herdecke und der Alanus Hochschule für Kunst und Gesellschaft in Alfter. Zuletzt erschien von ihm im Verlag am Goetheanum die Schrift «Von der Weltlage der Gegenwart und der Gestaltung neuer Hoffnungen» (zusammen mit Rudi Bind).

Gesamtverzeichnis der Schriften

von Peter Selg

Werkbiografie Rudolf Steiners

Jesus oder Christus. Öffentliche Anthroposophie. Rudolf Steiners Vortragsreisen nach Holland und Norwegen (1921). (2022, Verlag des Ita Wegman Instituts)

Von der Weltlage der Gegenwart und der Gestaltung neuer Hoffnungen. Ursprung und Intention von «Das Goetheanum. Internationale Wochenschrift für Anthroposophie und Dreigliederung». (2021, Verlag am Goetheanum)

Geistiges Überleben. Der Abgrund des Materialismus und die Aufgabe der Anthroposophie. (2021, Verlag am Goetheanum)

Die Zukunft Ahrimans und das «Erwachen der Seelen». Zur Geistesgegenwart der Mysteriendramen. (2021, Verlag am Goetheanum)

Die Eröffnung des Goetheanum und die Diffamierung der Anthroposophie. (2021, Verlag des Ita Wegman Instituts / Verlag am Goetheanum)

Der Untergang des Abendlands? Rudolf Steiners Auseinandersetzung mit Oswald Spengler (1920). (2020, Verlag des Ita Wegman Instituts / Verlag am Goetheanum)

Rudolf Steiners Atelier. (2019, Verlag des Ita Wegman Instituts)

Rudolf Steiner. 1861–1925. Lebens- und Werkgeschichte. 7 Bände. ([2]2018, Verlag des Ita Wegman Instituts)

Michael als Genius der Zivilisationsentwicklung. Rudolf Steiners Abschied von Berlin. Potsdamer Straße 39 a,

23. Mai 1923. (2013, Verlag des Ita Wegman Instituts)

Rudolf Steiner und Christian Rosenkreutz. (2010; ³2015, Verlag des Ita Wegman Instituts)

Rudolf Steiner und Felix Koguzki. Der Beitrag des Kräutersammlers zur Anthroposophie. (2009, Verlag des Ita Wegman Instituts)

Rudolf Steiner – zur Gestalt eines geistigen Lehrers. Eine Einführung. (2007; ²2011, Verlag am Goetheanum)

Die Arbeit des Einzelnen und der Geist der Gemeinschaft. Rudolf Steiner und das Soziale Hauptgesetz. (2007; ²2011, Verlag am Goetheanum)

Rudolf Steiners innere Situation zur Zeit der «Philosophie der Freiheit». Eine Studie. (2007, Verlag am Goetheanum)

Studien zu Ita Wegman

Die Intentionen Ita Wegmans 1925–1943. Zur Rehabilitierung Ita Wegmans. Band 2. (2019, Verlag des Ita Wegman Instituts)

(Hrsg.) Rudolf Steiner: Briefe und Meditationen für Ita Wegman. Zur Rehabilitierung Ita Wegmans. Band 1. (2018, Verlag des Ita Wegman Instituts)

(Hrsg.) Widerspruch. Ungehörte und verdrängte Stimmen gegen die Dornacher Ausschlüsse des Jahres 1935. (2018, Verlag des Ita Wegman Instituts)

Ita Wegman und die Heilkraft des Goetheanum. (2018, Verlag des Ita Wegman Instituts)

Der Mut des Heilens. Über Ita Wegman. (2017, Verlag des Ita Wegman Instituts)

(Hrsg.) Ita Wegman: Erinnerung an Rudolf Steiner. (2009; ²2011, Verlag des Ita Wegman Instituts)

LIANE COLLOT D'HERBOIS UND ITA WEGMAN. (2008, Verlag am Goetheanum)

«ICH BLEIBE BEI IHNEN». Rudolf Steiner und Ita Wegman. München, Pfingsten 1907. Dornach, 1923–1925. (2007, Verlag Freies Geistesleben)

ITA WEGMAN UND ARLESHEIM. (2006, Verlag am Goetheanum)

STERBEN, TOD UND GEISTIGES LEBEN. Die Kondolenzbriefe Ita Wegmans und das Todesverständnis der anthroposophischen Geisteswissenschaft. (2005, Verlag am Goetheanum)

GEISTIGER WIDERSTAND UND ÜBERWINDUNG. Ita Wegman 1933–1935. (2005, Verlag am Goetheanum)

DIE LETZTEN DREI JAHRE. Ita Wegman in Ascona 1940–1943. (2004; ^{2}2006, Verlag am Goetheanum)

«ICH BIN FÜR FORTSCHREITEN». Ita Wegman und die Medizinische Sektion. (2002; ^{2}2004, Verlag am Goetheanum)

Goetheanum und Freie Hochschule

DIE SPRACHE DES HÜTERS. Zur Schulung der «Ersten Klasse». (2020, Verlag des Ita Wegman Instituts)

DIE AUSEINANDERSETZUNG MIT DEM BÖSEN. Zur Schulung der «Ersten Klasse». (2019, Verlag des Ita Wegman Instituts)

(HRSG.) DIE FREIE HOCHSCHULE FÜR GEISTESWISSENSCHAFT. Ihre Bedeutung und ihr Ziel. Beiträge zum Verständnis und zum Weiterwirken der Weihnachtstagung. Band 4. (Gemeinsam mit Marc Desaules; 2018, Verlag des Ita Wegman Instituts)

(HRSG.) ANTHROPOSOPHIE UND HOCHSCHULE. Geisteswissenschaftliche Perspektiven in Forschung, Studium und Ausbildung. (Gemeinsam mit Tomáš Zdražil; 2016, Verlag des Ita Wegman Instituts)

Die Freie Hochschule für Geisteswissenschaft und die Michael-Schule. (2014, Verlag des Ita Wegman Instituts)

Der Vorstand, die Sektionen und die Gesellschaft. Welche Hochschule wollte Rudolf Steiner? (2011, Verlag des Ita Wegman Instituts)

Die Gestalt Christi. Rudolf Steiner und die geistige Intention des zentralen Goetheanum-Kunstwerkes. (2008; [2]2009, Verlag des Ita Wegman Instituts)

Rudolf Steiner und die freie Hochschule für Geisteswissenschaft. Die Begründung der «Ersten Klasse». (2008, Verlag des Ita Wegman Instituts)

Edith Maryon. Rudolf Steiner und die Dornacher Christus-Plastik. (2006, Verlag am Goetheanum)

Anthroposophische Gesellschaft

Das Geheimnis der Liebe. Für Florian Roder. (2021, Verlag des Ita Wegman Instituts)

(Hrsg.) Die Anthroposophische Gesellschaft. Beiträge zum Verständnis und zum Weiterwirken der Weihnachtstagung. Band 3. (Gemeinsam mit Marc Desaules; 2016, Verlag des Ita Wegman Instituts)

(Hrsg.) Der Grundstein und die Grundstein-Meditation. Beiträge zum Verständnis und zum Weiterwirken der Weihnachtstagung. Band 2. (Gemeinsam mit Marc Desaules; 2015, Verlag des Ita Wegman Instituts)

(Hrsg.) Die Sozialgestalt der Weihnachtstagung. Beiträge zum Verständnis und zum Weiterwirken der Weihnachtstagung. Band 1. (Gemeinsam mit Marc Desaules; 2014, Verlag des Ita Wegman Instituts)

Geistige Hilfeleistung. Rudolf Steiner und Christian Morgenstern. (2014, Verlag des Ita Wegman Instituts)

GRUNDSTEIN ZUR ZUKUNFT. Vom Schicksal der Michael-Gemeinschaft. (2013, Verlag des Ita Wegman Instituts)

DAS WESEN UND DIE ZUKUNFT DER ANTHROPOSOPHISCHEN GESELLSCHAFT. (2013, Verlag des Ita Wegman Instituts)

DIE IDENTITÄT DER ALLGEMEINEN ANTHROPOSOPHISCHEN GESELLSCHAFT. (2012, Verlag des Ita Wegman Instituts)

KARL SCHUBERTS BEZIEHUNG ZU RUDOLF STEINER. (2011, Verlag des Ita Wegman Instituts)

ZUM SCHICKSAL ELISABETH VREEDES. Plinius der Ältere – Jakob von Molay. (2010, Verlag des Ita Wegman Instituts)

WILLEM ZEYLMANS VAN EMMICHOVEN. Anthroposophie und Anthroposophische Gesellschaft im 20. Jahrhundert. (2009, Verlag des Ita Wegman Instituts)

ELISABETH VREEDE. 1879–1943. (2009, Verlag des Ita Wegman Instituts)

ALBERT STEFFEN. Begegnung mit Rudolf Steiner. (2009, Verlag am Goetheanum)

CHRISTIAN MORGENSTERN. Sein Weg mit Rudolf Steiner. (2008; ²2013, Verlag Freies Geistesleben)

RUDOLF STEINERS TOTEN-GEDENKEN. Die Verstorbenen, der Dornacher Bau und die Anthroposophische Gesellschaft. (2008, Verlag des Ita Wegman Instituts)

VOM UMGANG MIT RUDOLF STEINERS WERK. Ursprung, Krise und Zukunft des Dornacher Goetheanums. (2007, Verlag am Goetheanum)

MARIE STEINER-VON SIVERS. Aufbau und Zukunft des Werkes von Rudolf Steiner. (2006, Verlag am Goetheanum)

MICHAEL BAUER. Ein esoterischer Schüler Rudolf Steiners. (2006, Verlag am Goetheanum)

KARL KÖNIG UND DIE ANTHROPOSOPHIE. Zur Spiritualität eines esoterischen Christen im 20. Jahrhundert. (2006, Verlag am Goetheanum)

Christengemeinschaft

Anthroposophie, Religion und Kultus. Rudolf Steiners Kurs für Theologiestudenten – Stuttgart, Juni 1921 (2022, Verlag des Ita Wegman Instituts)

Apokalypse. Vom Weg zur «Ewigen Stadt». (2020, Verlag des Ita Wegman Instituts)

Friedrich Doldinger. Priester der Christengemeinschaft. (2019, Verlag des Ita Wegman Instituts)

Wiederkunft. Werden und Wesen der Christengemeinschaft. (2018, Verlag des Ita Wegman Instituts)

Rudolf Steiner und das Credo der Menschen-Weihehandlung. (2018, Verlag des Ita Wegman Instituts)

Menschen-Weihehandlung. Rudolf Steiner und die Priestergemeinschaft der christlichen Erneuerung. (2016; ^{2}2018, Verlag des Ita Wegman Instituts)

Menschwerdung. Das therapeutische Vaterunser im Zeitalter der Extreme. (2016; ^{2}2017, Verlag des Ita Wegman Instituts)

Der geistige Jahreslauf

Epiphanias. Fest der Geisttaufe. (2019, Verlag des Ita Wegman Instituts)

«Ergründe ich mein wahres Wesen». Der Weg der Menschenseele von Ostern bis Michaeli. (2018, Verlag des Ita Wegman Instituts)

«Zu tragen Geisteslicht in Weltenwinternacht». Der Weg der Menschenseele von Michaeli bis Weihnacht. (2018, Verlag des Ita Wegman Instituts)

«Eingedenk vollzogner Geistgeburt». Der Weg der Menschenseele von Weihnacht bis Ostern. (2017, Verlag des Ita Wegman Instituts)

HIMMELFAHRT UND PFINGSTEN. (2017, Verlag des Ita Wegman Instituts)

MICHAELI. Vom Vertrauen in die Menschheit am Abgrund. (2017, Verlag des Ita Wegman Instituts)

WEIHNACHTEN. Mysterien der Hoffnung in einer erschütterten Welt. (2017, Verlag des Ita Wegman Instituts)

OSTERN. Die Atmung der Erde. (2016; ²2018, Verlag des Ita Wegman Instituts)

JOHANNI. Das historische Gewissen und die Zukunft der Erde. (2016; ²2018, Verlag des Ita Wegman Instituts)

(HRSG.) RUDOLF STEINER: «SEELENKALENDER». In der Fassung der Handschrift. (2013, Verlag des Ita Wegman Instituts)

Meditationen Rudolf Steiners

«DAS GEISTIGE LICHT». Heilmantren Rudolf Steiners. (2019, Verlag des Ita Wegman Instituts)

PATIENTEN-MEDITATIONEN VON RUDOLF STEINER. (2019, Verlag des Ita Wegman Instituts)

«ICH DENKE AN MEIN HERZ – ES BIRGT MEIN ICH». Eine Krankenmeditation Rudolf Steiners. (2017, Verlag des Ita Wegman Instituts)

DIE PUNKT-UMKREIS-MEDITATION DES HEILPÄDAGOGISCHEN KURSES. Vom werdenden Ich des Menschen. (2013, Verlag des Ita Wegman Instituts)

DIE GRUNDSTEIN-MEDITATION RUDOLF STEINERS UND DIE ZERSTÖRUNGEN DES 20. JAHRHUNDERTS. (2011; ²2013, Verlag des Ita Wegman Instituts)

«DIE BESEELTE MENSCHEN-SONNE». Eine Herz-Meditation Rudolf Steiners. (2011, Verlag des Ita Wegman Instituts)

Geisteswissenschaftliche Christologie

Die Gestalt des Menschheitsrepräsentanten und das Evangelium der Erkenntnis. (2020, Verlag am Goetheanum, gemeinsam mit Constanza Kaliks und Claus-Peter Röh)

Die Leiden der nathanischen Seele. Anthroposophische Christologie am Vorabend des Ersten Weltkriegs. (2014, Verlag des Ita Wegman Instituts)

Michael und Christus. Studien zur Anthroposophie Rudolf Steiners. (2010, Verlag des Ita Wegman Instituts)

Das Vaterunser in der Darstellung Rudolf Steiners. (2009; ²2011, Verlag Freies Geistesleben)

Christus und die Jünger. Vom Schicksal der inneren Gemeinschaft. (2009, Verlag des Ita Wegman Instituts)

Das Ereignis der Jordantaufe. Epiphanias im Urchristentum und in der Anthroposophie Rudolf Steiners. (2008; ²2016, Verlag Freies Geistesleben)

«Wie eine Art Gottesdienst». Rudolf Steiner, die Oberuferer Spiele und das Weihnachtsfest. (2008; ²2016, Verlag Freies Geistesleben)

Die Kultur der Selbstlosigkeit. Rudolf Steiner, das Fünfte Evangelium und das Zeitalter der Extreme. (2006; ³2010, Verlag am Goetheanum)

Rudolf Steiner und die Vorträge über das Fünfte Evangelium. Eine Studie. (2005; ²2010, Verlag am Goetheanum)

(Hrsg.): Es war einer krank. Die Heilungen in den Evangelien. (2003, Verlag Freies Geistesleben)

Studien mit und zu Sergej O. Prokofieff

DIE MYSTERIEN DER ZUKUNFT. Vom Lebenswerk Sergej O. Prokofieffs. (2018, Verlag des Ita Wegman Instituts)

DIE WEIHNACHTSTAGUNG UND DIE BEGRÜNDUNG DER NEUEN MYSTERIEN. (Gemeinsam mit Sergej O. Prokofieff; 2011, Verlag des Ita Wegman Instituts)

DIE CHRISTOLOGIE DES BUCHES «DIE GEHEIMWISSENSCHAFT IM UMRISS». (Gemeinsam mit Sergej O. Prokofieff; 2010, Verlag des Ita Wegman Instituts)

DAS ERSTE GOETHEANUM UND SEINE CHRISTOLOGISCHEN GRUNDLAGEN. (Gemeinsam mit Sergej O. Prokofieff; 2009, Verlag des Ita Wegman Instituts)

DIE WIEDERKUNFT DES CHRISTUS IM ÄTHERISCHEN. Zum Fünften Evangelium. (Gemeinsam mit Sergej O. Prokofieff; 2009; ^{2}2010, Verlag des Ita Wegman Instituts)

Studien zu Kaspar Hauser

SCHICKSALS-WEIHE. Die Konfirmation Kaspar Hausers. (2018, Verlag des Ita Wegman Instituts)

ITA WEGMAN UND KASPAR HAUSER. (2018, Verlag des Ita Wegman Instituts)

(HRSG.) KASPAR HAUSER UND DAS FLÜCHTLINGSDRAMA HEUTE. Verlust und Wiederaufbau menschlicher Identität. (2017, Verlag des Ita Wegman Instituts)

DAS ANDERE DEUTSCHLAND. Über Friedrich Hölderlin, Kaspar Hauser und Rudolf Steiner. (2016, Verlag des Ita Wegman Instituts)

(HRSG.) KARL KÖNIG: KASPAR HAUSER. Das Kind Europas. (Gemeinsam mit Richard Steel; 2012, Verlag Freies Geistesleben)

NACH AUSCHWITZ. Auseinandersetzungen um die Zukunft der Medizin. (2020, Verlag des Ita Wegman Instituts)

(HRSG.) VORGESCHICHTE, INTENTION UND KOMPOSITION. MATERIALIEN ZUM ERSTEN ÄRZTEKURS RUDOLF STEINERS 1920. (Gemeinsam mit Péter Barna 2020, Verlag am Goetheanum)

RUDOLF STEINERS BEZIEHUNG ZUR MEDIZIN. (2019, Verlag des Ita Wegman Instituts)

DER KAMPF UM DIE HEILEURYTHMIE IM SPANNUNGSFELD VON THERAPEUTISCHER GEMEINSCHAFT, ANTHROPOSOPHISCHER GESELLSCHAFT UND HOCHSCHULE. (2018, Verlag des Ita Wegman Instituts)

WAS HEISST UND ZU WELCHEM ENDE STUDIERT MAN ANTHROPOSOPHISCHE MEDIZIN? (2017; ^{2}2019, Verlag des Ita Wegman Instituts)

DIE WÜRDE DES LEIBES UND DIE GESUNDENDE KRAFT DES GEISTES. (2016, Verlag des Ita Wegman Instituts)

MENSCH UND MISTEL. Die Begründung der onkologischen Viscum-Behandlung durch Rudolf Steiner und Ita Wegman. Band 1: 1917–1925. (2016, Salumed Verlag)

(HRSG.) VON DER EURYTHMIE ZUR HEILEURYTHMIE. Methodische Grundlagen und Arbeitsansätze. (2016, Verlag des Ita Wegman Instituts)

(HRSG.) MISTELFORSCHUNG UND KREBSTHERAPIE. Arlesheimer Studien Band 1. (Gemeinsam mit Maurice Orange, Hartmut Ramm und Severin Poechtrager; 2016, Verlag des Ita Wegman Instituts)

HIPPOKRATES. Ärztliche Ausbildung und Ethik. (2015, Verlag des Ita Wegman Instituts)

(HRSG.) «OKKULTE PHYSIOLOGIE». Rudolf Steiners Prager Kurs (1911). (2015, Verlag des Ita Wegman Instituts)

(HRSG.) DAS MENSCHLICHE HERZ. Kardiologie in der Anthroposophischen Medizin. (Gemeinsam mit Christoph Rubens; 2014, Verlag des Ita Wegman Instituts)

Das Leib-Seele-Problem. Zur Entwicklung eines geistgemäßen Menschenbildes in der Medizin des 20. Jahrhunderts. (Gemeinsam mit Peter Heusser; 2011, Verlag des Ita Wegman Instituts)

Dr. Oskar Schmiedel 1887–1959. Der erste anthroposophische Pharmazeut und Weleda-Direktor. (2010, Verlag des Ita Wegman Instituts)

Rudolf Hauschka am Klinisch-Therapeutischen Institut in Arlesheim (1929–1941). (2010, Verlag des Ita Wegman Instituts)

Das Leben schützen. Ärztliche Ethik und Suizidhilfe. Eine Betrachtung aus anthroposophischer Sicht. (Gemeinsam mit Sergej O. Prokofieff; 2010, Verlag am Goetheanum)

(Hrsg.) «Und in der Tat, dies wirkte». Die Krankengeschichten des Buches «Grundlegendes für eine Erweiterung der Heilkunst nach geisteswissenschaftlichen Erkenntnissen» von Rudolf Steiner und Ita Wegman. Eine Dokumentation. (2007, Verlag am Goetheanum)

(Hrsg.) Ita Wegman: Medizinisch-Therapeutische Korrespondenzen. (2007, Verlag am Goetheanum)

«Die Medizin muss Ernst machen mit dem geistigen Leben». Rudolf Steiners Hochschulkurse für die «jungen Mediziner». (2006, Verlag am Goetheanum)

Die «Wärme-Meditation». Geschichtlicher Hintergrund und ideelle Beziehungen. (2005; [4]2018, Verlag am Goetheanum)

Christliche Medizin. Die ideellen Beziehungen des Christentums zur Heilkunde und die Anthroposophische Medizin. (2005, Verlag am Goetheanum)

Die Briefkorrespondenz der «jungen Mediziner». Eine dokumentarische Studie zur Rezeption von Rudolf Steiners «Jungmediziner»-Kursen. (2005, Verlag am Goetheanum)

(HRSG.) RUDOLF STEINER – QUELLENTEXTE FÜR DIE WISSENSCHAFTEN. Band 3: Physiologische Menschenkunde. Band 4: Pathologie und Therapie. (2004, Rudolf Steiner Verlag; [2]2014, Salumed Verlag)

KRANKHEIT, HEILUNG UND SCHICKSAL DES MENSCHEN. Über Rudolf Steiners geisteswissenschaftliches Pathologie- und Therapieverständnis. (2004, Verlag am Goetheanum)

MYSTERIUM CORDIS: VON DER MYSTERIENSTÄTTE DES MENSCHENHERZENS. Studien zur sakramentalen Physiologie des Herzorgans. Aristoteles, Thomas von Aquin, Rudolf Steiner. (2003; [2]2006, Verlag am Goetheanum)

HELENE VON GRUNELIUS UND RUDOLF STEINERS KURSE FÜR JUNGE MEDIZINER. Eine biographische Studie. (2003, Verlag am Goetheanum)

KRANKHEIT UND CHRISTUS-ERKENNTNIS. Anthroposophische Medizin als christliche Heilkunst. (2001; [2]2003, Verlag am Goetheanum)

(HRSG.) EUGEN KOLISKO: DAS WESEN UND DIE BEHANDLUNG DER MAUL- UND KLAUENSEUCHE. (2001, Verlag am Goetheanum)

VOM LOGOS MENSCHLICHER PHYSIS. Die Entfaltung einer anthroposophischen Humanphysiologie im Werk Rudolf Steiners. (2000; [2]2006, Verlag am Goetheanum)

(HRSG.) ANTHROPOSOPHISCHE ÄRZTE. Lebens- und Arbeitswege im 20. Jahrhundert. (2000, Verlag am Goetheanum)

ANFÄNGE ANTHROPOSOPHISCHER HEILKUNST. Ita Wegman, Friedrich Husemann, Eugen Kolisko, Willem Zeylmans van Emmichoven, Karl König, Gerhard Kienle. (2000, Verlag am Goetheanum)

Waldorfpädagogik und Heilpädagogik

WIRKLICHKEITSVERSTÄNDNIS. Jugendpädagogik in globaler Krisenzeit. (2021, Verlag des Ita Wegman Instituts)

ZIVILCOURAGE. Die Herausforderung Freier Waldorfschulen. (2020, Verlag des Ita Wegman Instituts)

DIE OBERUFERER WEIHNACHTSSPIELE. (2019, Verlag des Ita Wegman Instituts)

«ARMER LEUTE KIND». Rudolf Steiners Kindheits- und Jugendentwicklung. (2019, Verlag des Ita Wegman Instituts)

DAS LICHT DER WALDORFSCHULE. (2019, Verlag des Ita Wegman Instituts)

WALDORFPÄDAGOGIK UND ANTHROPOSOPHIE. (2018, Verlag des Ita Wegman Instituts)

ANTHROPOSOPHIE IN EINER AUTISTISCHEN GESELLSCHAFT. (2018, Verlag des Ita Wegman Instituts)

ÜBE GEIST-ERINNERN. Das Gewissen der anthroposophischen Heilpädagogik. (2018, Verlag des Ita Wegman Instituts)

ANTHROPOSOPHISCHE PÄDAGOGIK. Rudolf Steiners Kurs im Berner Rathaus. (2015, Verlag des Ita Wegman Instituts)

KINDHEIT UND CHRISTUSWESEN. Von der therapeutischen Haltung im Angesicht der Bedrohung. (2015, Verlag des Ita Wegman Instituts)

DAS KIND ALS SINNES-ORGAN. Zum anthroposophischen Verständnis der Nachahmungsprozesse. (2015, Verlag des Ita Wegman Instituts)

«ICH BIN ANDERS ALS DU». Vom Selbst- und Welterleben des Kindes in der Mitte der Kindheit. (2011, Verlag des Ita Wegman Instituts)

DER WILLE ZUR ZUKUNFT. (2011; ^{2}2018, Verlag des Ita Wegman Instituts)

UNGEBORENHEIT. Die Präexistenz des Menschen und der Weg zur Geburt. (2009; ^{4}2018, Verlag des Ita Wegman Instituts)

DER GEISTIGE KERN DER WALDORFSCHULE. (2009; [4]2017, Verlag des Ita Wegman Instituts)

(HRSG.) KARL KÖNIG: MEINE ZUKÜNFTIGE AUFGABE. Autobiographische Aufzeichnungen und lebensgeschichtliche Zeugnisse. (2008, Verlag Freies Geistesleben)

(HRSG.) KARL KÖNIG: DAS SEELENPFLEGE-BEDÜRFTIGE KIND. Vom Wesen der Heilpädagogik. (2008, Verlag Freies Geistesleben)

ITA WEGMAN UND KARL KÖNIG. Eine biographische Dokumentation. (2007, Verlag am Goetheanum)

WILLFRIED IMMANUEL KUNERT. Zur Lebens- und Therapiegeschichte eines Kindes aus dem «Heilpädagogischen Kurs». (2006, Verlag am Goetheanum)

DER THERAPEUTISCHE BLICK. Rudolf Steiner sieht Kinder. (2005; [4]2018, Verlag am Goetheanum)

«EINE GRANDIOSE METAMORPHOSE». Zur geisteswissenschaftlichen Anthropologie und Pädagogik des Jugendalters. (2005; [2]2011, Verlag am Goetheanum)

DER ENGEL ÜBER DEM LAUENSTEIN. Siegfried Pickert, Ita Wegman und die Heilpädagogik. (2005, Verlag am Goetheanum)

(HRSG.) EUGEN KOLISKO. Vom therapeutischen Charakter der Waldorfschule. (2002, Verlag am Goetheanum)

(HRSG.) GEORG VON ARNIM. MEDITATIVE AUFZEICHNUNGEN. (2002, Verlag am Goetheanum)

Goetheanistische Naturwissenschaft

(HRSG.) DER MENSCH UND DIE BIENEN. (Gemeinsam mit Johannes Wirz; 2015, Verlag des Ita Wegman Instituts)

KOBERWITZ, PFINGSTEN 1924. Rudolf Steiner und der Landwirtschaftliche Kurs. (2009, Rudolf Steiner Verlag)

Anthroposophie und Widerstand im Nationalsozialismus

Heilpädagogik oder «Kindereuthanasie». Karl Königs Auseinandersetzung mit Werner Catel. (2021, Verlag des Ita Wegman Instituts)

«Ein Brückenschlag zum Rechtsextremismus»? Über die Anthroposophie in der Zeit des Nationalsozialismus. (2021, Verlag des Ita Wegman Instituts)

Dichter nach Auschwitz. Paul Celan und Nelly Sachs. (2020, Verlag des Ita Wegman Instituts)

Rudolf Steiner, die Anthroposophie und der Rassismus-Vorwurf. Gesellschaft und Medizin im totalitären Zeitalter. (2020, Verlag des Ita Wegman Instituts)

Erzwungene Schliessung. Die Ansprachen der Stuttgarter Lehrer zum Ende der Waldorfschule im deutschen Faschismus (1938). (2019, Verlag des Ita Wegman Instituts)

Flucht und Deportation Anne Franks. (2019, Verlag des Ita Wegman Instituts)

Die Überlebenden von Bergen-Belsen. Anny Pfirter und das Internationale Rote Kreuz. (2018, Verlag des Ita Wegman Instituts)

Ilse Rennefeld. Eine anthroposophische Ärztin jüdischer Herkunft im niederländischen Exil (1939–1942). (2017, Verlag des Ita Wegman Instituts)

Nelly Sachs. Die Opfer des Nationalsozialismus und die «Gejagten alle auf der Welt». (2017, Verlag des Ita Wegman Instituts)

Alexander Schmorell. 1917–1943. Der Idealismus der «Weißen Rose» und das geistige Russland. (2013, Verlag des Ita Wegman Instituts)

Maria Krehbiel-Darmstädter. Von Gurs nach Auschwitz. Der innere Weg. (2010, Verlag des Ita Wegman Instituts)

Überleben in Auschwitz. Elie Wiesel, Ruth Klüger, Ruth Elias, Primo Levi, Viktor Frankl. (2010, Verlag des Ita Wegman Instituts)

Der geistige Weg von Hans und Sophie Scholl. (2006; ²2007, Verlag am Goetheanum)

Anthroposophie und Zeitgeschehen

Die Zukunft der Erde. Franz von Assisi, die Rosenkreuzer und die Anthroposophie. (2021, Verlag des Ita Wegman Instituts)

Das Mysterium der Erde. Aufsätze zur Corona-Zeit. (2020, Verlag des Ita Wegman Instituts)

Klima-Wandel. Greta Thunberg und wir. (2020, Verlag des Ita Wegman Instituts)

«Daheim in der Güte». Erinnerung an Heinrich Böll. (2018, Verlag des Ita Wegman Instituts)

Die Gegenwart des Vergangenen. Rudolf Steiner und die Aktualität des Jahres 1917. (2017, Verlag des Ita Wegman Instituts)

Ökonomie der Brüderlichkeit. Zur Aktualität der sozialen Dreigliederung. (Gemeinsam mit Marc Desaules; 2016; ²2017, Verlag des Ita Wegman Instituts)

Rudolf Steiner 1916 und die Herausforderungen der Gegenwart. (2016; ²2017, Verlag des Ita Wegman Instituts)

Gerhard Kienle, das Gemeinschaftskrankenhaus und die Universität Witten/Herdecke

Gerhard Kienle und die Universität Witten-Herdecke. Ärztliche Ausbildung und Ethik. (2017, Verlag des Ita Wegman Instituts)

(Hrsg.) Gerhard Kienle. Die Würde des Menschen und die Humanisierung der Medizin. Aufsätze und Vorträge. (2009, Verlag des Ita Wegman Instituts)

Gerhard Kienle. Leben und Werk. (2003, Verlag am Goetheanum)

Kunst und Geistesgeschichte

(Hrsg.) Der Wolkendurchleuchter. Friedrich Doldingers apokalyptisches Widerstandsdrama. (2019, Verlag des Ita Wegman Instituts)

Rudolf Steiner und der Weltenhumor. (2019, Verlag des Ita Wegman Instituts)

(Hrsg.) Jacques de Jaager (1885–1916). Von der Suche nach einem früh verstorbenen Bildhauer am Goetheanum. (2016, Verlag des Ita Wegman Instituts)

(Hrsg.) Liane Collot d'Herbois. Werk und Leben – Work and Life. (Gemeinsam mit Walter Schneider; 2013, Raffael-Verlag)

Esoterische Gemeinschaften in Rudolf Steiners Mysteriendramen. Templer – Rosenkreuzer – Der Kreis um Benedictus. (2010, Verlag des Ita Wegman Instituts)

Die Reinheit des Ordens und das Opfer. Friedrich Schillers Johanniter-Fragment «Die Malteser». (2010, Verlag am Goetheanum)

Friedrich Hölderlin. Die Linien des Lebens. (2009, Verlag Freies Geistesleben)

Rainer Maria Rilke und Franz Kafka. Lebensweg und Krankheitsschicksal im 20. Jahrhundert. (2007, Pforte Verlag)

Friedrich Schiller. Die Geistigkeit des Willens. (2005; [2]2010, Verlag am Goetheanum)

Peter Selg

Der Untergang des Abendlands?

Rudolf Steiners Auseinandersetzung mit Oswald Spengler

«Und weil ich an den Menschen glaube aus Geist-Erkenntnis heraus, so glaube ich, daß man nicht reden kann wie Spengler von einem Untergang, einem Tod der abendländischen Zivilisation. Sondern indem ich an die Kraft der Seele glaube, die in Ihnen lebt, glaube ich, daß wir wiederum zu einem Aufstieg kommen müssen. Denn dieser Aufstieg wird nicht von einem leeren Phantom bewirkt, sondern vom menschlichen Willen. Und ich glaube so stark an die Wahrheit der Ihnen geschilderten Geisteswissenschaft, daß ich überzeugt davon bin: Dieser Wille der Menschen kann getragen werden, kann einen neuen Aufstieg bewirken, kann eine neue Morgenröte bewirken.» Rudolf Steiner. Technische Hochschule Stuttgart. 17. Juni 1920

192 Seiten, kartoniert, ISBN 978-3-7235-1650-8

VERLAG AM GOETHEANUM
VERLAG DES ITA WEGMAN INSTITUTS

PETER SELG
MICHAEL
BAUER